Inteligência Artificial

Aspectos Jurídicos

Tarcisio Teixeira
Vinicius Cheliga

Inteligência Artificial

Aspectos Jurídicos

3ª edição | revista atualizada

2021

EDITORA JusPODIVM
www.editorajuspodivm.com.br

EDITORA *Jus*PODIVM
www.editorajuspodivm.com.br

Rua Território Rio Branco, 87 – Pituba – CEP: 41830-530 – Salvador – Bahia
Tel: (71) 3045.9051
• Contato: https://www.editorajuspodivm.com.br/sac

Capa: Ana Caquetti

Imagem de Capa: Designed by Freepik

C516i Cheliga, Vinicius.

Inteligência Artificial: aspectos jurídicos / Vinicius Cheliga e Tarcisio Teixeira – 3. ed. rev. e atual. – Salvador: Editora JusPodivm, 2021.

112 p.

Inclui Bibliografia.

ISBN 978-65-5680-313-5.

1. Direito comercial. 2. Direito Digital. 3, Responsabilidade Civil. I. Cheliga, Vinicius. II. Teixeira, Tarcisio. III. Título.

CDD 342.2

Sumário

1 • Introdução **9**

2 • O que é inteligência artificial? **11**

2.1 Conceito de inteligência 12

2.1.1 Objetivo da inteligência 13

2.2 A inteligência artificial 14

2.3 O conceito de genética e o meio dentro da inteligência artificial 16

2.4 Aplicabilidade da inteligência artificial 17

2.4.1 Inteligência artificial nos aparelhos celulares e nas casas 18

2.4.2 Inteligência artificial e centrais telefônicas, redes sociais e serviço de atendimento do consumidor .. 18

2.4.3 Inteligência artificial e carros autônomos 19

2.4.4 Inteligência artificial nos jogos 20

2.4.5 Inteligência artificial na medicina 21

2.4.6 Inteligência artificial nas cidades 21

2.4.7 Inteligência artificial na área jurídica 22

2.4.8 Capacidades necessárias de uma máquina para ser aprovada no teste de Turing 23

3 • Fundamentos da inteligência artificial........................ 27

3.1 Filosofia.. 28
3.2 Matemática.. 29
3.3 Economia... 30
3.4 Neurociência.. 31
3.5 Linguística... 32
3.6 Engenharia da computação.. 33
3.7 A função e os problemas gerados pela inteligência artificial.. 33

4 • O histórico da inteligência artificial inserido no contexto das Revoluções Industriais 35

4.1 Pré-revolução industrial.. 36
4.2 Primeira revolução industrial.. 37
4.3 A segunda revolução industrial....................................... 41
4.3.1 O início dos estudos sobre inteligência artificial... 44
4.4 A terceira revolução industrial.. 44
4.4.1 O avançar dos estudos sobre inteligência artificial 46
4.5 Quarta revolução industrial.. 48
4.5.1 A inteligência artificial e a quarta revolução industrial.. 51

5 • Cidadania, personalidade e inteligência artificial 53

5.1 O conceito de cidadania.. 56
5.2 O caso Sophia e sua cidadania.. 56
5.3 "O Homem Bicentenário" e a Sophia 58
5.4 As Disposições de Direito Civil sobre Robótica e a questão da cidadania.. 60
5.5 Personalidade eletrônica... 61
5.6 Cidadania, pessoa jurídica e robótica 63
5.7 Classificação da inteligência artificial e órgão regulador .. 64
5.8 Reuniões internacionais.. 65

6 • Responsabilidade civil da inteligência artificial 67

6.1 Responsabilidade civil 68
6.2 Responsabilidade civil de uma inteligência artificial 69
6.3 Das disposições do Parlamento Europeu em relação à responsabilidade civil 70

7 • A inteligência artificial e aspectos jurídicos voltados aos desenvolvedores 73

7.1 *Big data* 74
7.1.1 Relações de *big data* e inteligência artificial 75
7.2 Internet das coisas 76
7.2.1 Internet das coisas, *big data* e inteligência artificial 78
7.3 Ética na construção de uma inteligência artificial 79
7.3.1 A União Europeia e a construção da inteligência artificial 80

8 • Inteligência artificial e Proteção de Dados 83

8.1 Inteligência artificial e Proteção de Dados no Brasil 85
8.2 O consentimento do usuário no fornecimento de dados para uma inteligência artificial 87
8.3 O controlador de dados de uma inteligência artificial 93
8.4 Proteção do usuário quanto à empresa estrangeira 96
8.4.1 Proteção ao usuário quanto a dados no estrangeiro 98
8.5 Outros fatores na construção de uma inteligência artificial 99

9 • Últimos apontamentos 105

Bibliografia 109

Introdução

1

Diante da quarta revolução industrial, observamos uma aceleração no desenvolvimento e na inovação das inteligências artificiais, com aquilo que era descrito apenas na literatura se tornando realidade. Nessa realidade tecnológica, novos problemas jurídicos surgem.

A inteligência artificial, mesmo já passado mais de meio século de sua existência, ainda não tinha gerado um grande impacto jurídico que necessitasse de uma legislação própria para regulamentar tal ferramenta. A primeira necessidade jurídica em relação à inteligência artificial é como classificá-la diante da legislação atual. Como meio autônomo é necessário conceituar corretamente uma inteligência artificial, ou seja, se ela é dotada de cidadania e pode exercer direitos na sociedade. Portando cidadania ou não, uma inteligência artificial, por executar comandos automáticos, é capaz de produzir danos e, diante desses danos, ela é responsabilizada por seus atos? Ou seria a responsabilidade do dono da inteligência artificial? Ou de seu fabricante? Além disso, quando um desenvolvedor produz uma inteligência artificial, quais os principais cuidados que ele deve ter para a sua criação?

De forma geral, a inteligência artificial evoluiu de maneira avassaladora nos últimos anos, estando presente nas mais diversas áreas. O grande risco atual da inteligência artificial diante dos problemas acima é a conjugação com outras áreas, como internet das coisas, robótica e tecnologias ainda mais robustas, como carros autônomos e cidades inteligentes.

Dessa forma, é preciso traçar uma boa relação entre o homem e a inteligência artificial, principalmente porque o futuro reserva uma grande interação entre ambos, sendo que o impacto jurídico deve ser grande a partir do momento do barateamento da tecnologia. Traçar perspectivas é importante para se ter uma legislação sólida e estar preparado para esse impacto jurídico.

Neste trabalho, observaremos a legislação atual dentro e fora do Brasil; a literatura ficcional, para se ter uma base; o histórico da inteligência artificial; e comentários jurídicos e de computação para, a partir deles, verificar as possibilidades para tratar da inteligência artificial e oferecer para juristas e desenvolvedores de inteligência artificial um melhor tratamento para tal casos.

O que é inteligência artificial?

2

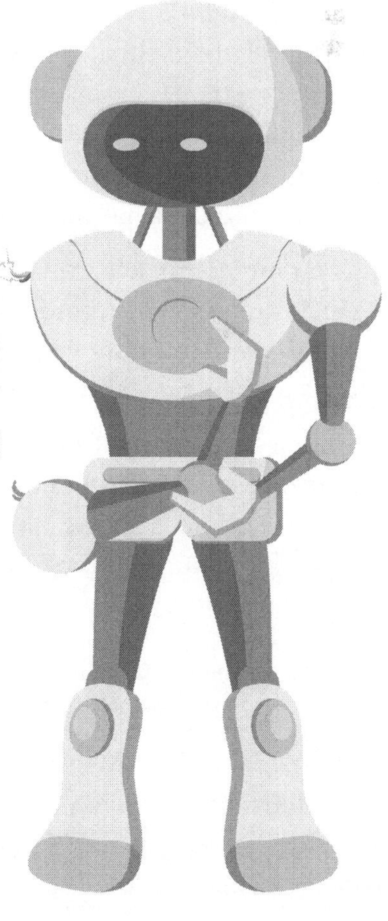

Para adentrarmos na temática deste livro, é preciso conceituar o que é inteligência artificial e o seu funcionamento. Também é necessária a demonstração da aplicabilidade da inteligência artificial, para revelar sua importância.

2.1 Conceito de inteligência

Existe um grande problema em conceituar o que é inteligência e como medi-la. O que nos faz dizer que alguém é mais inteligente que outro? Ken Richardson (1991, p. 17) cita em seu livro que já "Platão estava a responder sobre graus ou quantidades de inteligência, e de como estes qualificavam as pessoas para determinados papéis na sociedade". Se Platão não conseguiu satisfazer essa resposta de maneira científica, também hoje os cientistas buscam o denominador do que é inteligência e de como medi-la.

Como ponto de partida, não podemos considerar a inteligência simplesmente como a capacidade de processamento de informações diante de um problema, pois estaríamos reduzindo todo o esquema de inteligência para uma máquina.

Ken Richardson (1991) cita outras duas formas de inteligência que combinadas nos dão luzes em relação a um melhor conceito de inteligência e que melhor se encaixa com todos os seres vivos, incluindo o homem. O primeiro conceito é o conceito sócio-histórico:

> Os indivíduos são inteligentes na medida em que tiveram adquirido conhecimento do mundo tal como está implementado nas regras implícitas das atividades sociais em que participam. (p. 163).

Outro conceito que Ken Richardson traz é o conceito genético, em que a inteligência estaria designada em certos genes e que por meio desses genes o indivíduo teria sua inteligência medida. Levando em conta somente esta designação genética, nossa inteligência seria imutável, não importando o meio ambiente nem os estímulos diários. Este é um grande erro, pois existem outros fatores que constroem uma inteligência. Sobre esta afirmação, Ken Richardson nos informa:

> Todas as propostas para o conhecimento acerca da genética da inteligência dependem da aceitação de numerosas hipóteses; mesmo que estas fossem válidas, este conhecimento seria indireto. Para além dos efeitos do gene único bem caracterizado que, numa pequena proporção da população, rompe o sistema completamente, não sabemos nadas acerca dos genes relevantes na inteligência; nem quantos são, ou de que tipo, se variam de pessoa para pessoa, e, se tal acontece, em que âmbito, com que consequências em importância para o desenvolvimento e assim sucessivamente. (p. 230).

Dito isso, o meio sócio-histórico não responde o sentido da inteligência, tampouco simplesmente a genética.

Porém, estes dois fatores unidos ao meio são o que nos dão a melhor chave sobre o que é a inteligência. E agora não ficamos apenas restritos à inteligência humana, mas qualquer inteligência. Um peixe de água doce é diferente de um de água salgada. As plantas são completamente diferentes conforme o clima, a altitude, a umidade e a qualidade do solo. Uma bactéria que ataca o homem muitas vezes não tem a capacidade de atacar outros animais e vice-versa. Vendo isso, podemos conceituar que a inteligência é uma potencialidade descrita nos genes, que pode ou não ser ativada no meio e constrói esquemas sócio-históricos de uma sociedade.

2.1.1 Objetivo da inteligência

Toda inteligência tem um objetivo. O primeiro objetivo é o da sobrevivência. É aqui o primeiro destaque que deve ser feito em relação à inteligência artificial, que ainda será melhor conceituada. Ela ainda não tem essa prioridade de "autossobrevivência".

Pense em um animal. Este sabe que existem necessidades básicas para sua sobrevivência, como alimentação, água e outros fatores primordiais de sua vida. Para que uma inteligência artificial funcionasse como um ente dotado de inteligência desse tipo, deveria ser capaz de entender que a alimentação de energia é primordial para seu funcionamento; que o processamento de máquina deveria ser racionado para evitar aquecimento e ainda outros fatores que garantissem a sua sobrevivência.

Sobre as necessidades básicas, muito rapidamente todos os seres vivos vão aprendendo aquilo que necessitam para sobreviverem. A inscrição daquilo que é necessário para a sobrevivência está inserida na genética e esta pode ser a primeira chave de leitura sobre a inteligência.

A adaptação ao meio, a inserção na comunidade e o sentimento de pertencimento são outras chaves para o desenvolvimento da inteligência. É perceptível o quanto não somente o conhecimento quantificável é importante, como a facilidade com matérias exatas ou a aquisição de conhecimento histórico e geográfico, mas também pontos como empatia, o diálogo e o saber lidar com as sensações são de suma importância para traduzir a inteligência na prática.

2.2 A inteligência artificial

Depois de investigada a questão da inteligência, precisamos conceituar como se encaixa a inteligência artificial. Uma inteligência artificial é um sistema computacional criado para simular racionalmente as tomadas de decisão dos seres humanos, tentando traduzir em algoritmos o funcionamento do cérebro humano.

George Luger utiliza um conceito em seus estudos muito mais amplo, não como um sistema ou uma ferramenta, mas como campo de estudos: "Inteligência artificial (IA) pode ser definida como o ramo da ciência da computação que se ocupa da automação do comportamento inteligente." (LUGER, 2004, p. 24).

Stuart Russel e Peter Norwig utilizam um conceito misto, que considera a inteligência artificial um campo da ciência, sendo a ferramenta resultado dos estudos neste campo dentro da ciência da computação.

> Durante milhares de anos, procuramos entender como pensamos; isto é, como um mero punhado de matéria pode perceber, compreender, prever e manipular um mundo muito maior e mais complicado que ela própria. O campo da inteligência artificial, ou IA, vai ainda mais além: ele tenta não apenas compreender mas também construir entidades inteligentes. (RUSSEL; NORWIG, 2004, p. 3).

Um dos grandes responsáveis por pensar como seria uma máquina que simularia este agir de uma forma humana foi Alan Turing, o pai da computação[1]. Dentro do campo da inteligência artificial, o seu grande feito foi pensar em um teste em que uma máquina se passaria por um ser humano, abriria e manteria um diálogo e o ser humano não descobriria que

1. Alan Mathison Turing nasceu em 23 de junho de 1912 e é o segundo filho de Julius Mathison Turing e Ethel Sara Turing. Matemático, contribuiu muito para sua área, decifrando problemas e criando algoritmos para a resolução de problemas científicos. Durante a Segunda Guerra Mundial, foi um dos responsáveis da criação de máquinas que descriptografava mensagens alemãs.

estava conversando com uma máquina. Esse teste é até hoje base para a construção de uma inteligência artificial como aquelas utilizadas nos *chatbots*[2] ou interfaces humanizadas de voz, como assistentes digitais.

2.3 O conceito de genética e o meio dentro da inteligência artificial

Diante do conceito da inteligência artificial, quando comparada à do ser humano, ainda é possível enxergar uma grande diferença entre ambas.

Do ser humano, por mais que sua capacidade para cálculos complexos não seja a mesma se comparada a de uma inteligência artificial, podemos constatar que a questão da sobrevivência, o senso de história e sociedade e a vivência no meio são de suma importância para a construção de sua complexidade. Toda esta complexidade tem no fundo as linhas de códigos descritas em nosso DNA, em que estão definidos os nossos potenciais, que serão trabalhadas no meio.

Quando observamos a inteligência artificial, é possível verificar que também ela tem linhas de códigos descritas. Se no ser humano, estão no DNA; nas inteligências artificiais estão descritas através das linguagens de programação.

É interessante esta compreensão, pois também a inteligência artificial sofre um desenvolvimento ocasionado pelo meio.

O meio diante do código da inteligência artificial pode ser descrito como o seu banco de dados; a partir dele se dão

2. *Chatbot* é um programa que utiliza inteligência artificial para imitar conversas com usuários de várias plataformas e aplicativos.

as respostas. Banco este que pode ser pré-programado e depois modificado ou até mesmo criado sem informações e desenvolvido através do aprendizado da máquina.

Com o aumento do grau de complexidade da inteligência artificial, e das tecnologias que se unem a ela, como a robótica, o *big data* e até mesmo a nanotecnologia, podemos tratar essa evolução como o avanço de uma superinteligência solucionadora de problemas complexos, mas que ainda demorará para chegar a uma inteligência artificial única, como aquelas que foram retratadas em obras como os filmes "O Exterminador do Futuro", "Eu, Robô", dentre outras. O que temos hoje são inteligências que são capazes em modelos específicos de execução de tarefas, de uma maneira melhor otimizada que a de um ser humano, porém, o ser humano tem a capacidade de se desenvolver no todo.

Diante desses detalhes, percebe-se que ainda falta uma melhor programação em relação à inteligência dentro das máquinas, principalmente quando considerada a questão da sobrevivência, da adaptação no meio e da construção de uma sociedade, ainda mais quando pensada em harmonia com o ser humano.

Dessa forma, podemos ser otimistas com o futuro da inteligência artificial, porém, em seu estágio atual verificamos a dificuldade de tratá-la como um ser, ainda mais como portador de direitos, como verão de maneira aprofundada nos próximos capítulos.

2.4 Aplicabilidade da inteligência artificial

Tendo em vista o avanço da inteligência artificial, principalmente, como dito anteriormente, em sua programação em abordagens específicas, já se observa a aplicabilidade dela dentro do nosso dia a dia. Os pontos seguintes não vêm esgotar todas as formas de aplicação de uma inteligência artificial, mas elucidar sua importância diante da sociedade.

2.4.1 Inteligência artificial nos aparelhos celulares e nas casas

A inteligência artificial acompanhou a miniaturização dos computadores, estando presente hoje em nossos celulares. Contamos hoje com tecnologias com uso de inteligência artificial que fazem leituras do que digitamos no celular e predizem aquilo que digitaremos ou a correção ortográfica. Aplicativos de e-mail já estão se alinhando para respostas automáticas. Há inteligências artificiais que são capazes de fazer ligações para pedir uma pizza, por meio de voz, de maneira natural. E, claro, a revolução dos assistentes digitais que trabalham como organizadores da casa e da vida.

Diante disso, vemos um segundo passo propiciado pela internet das coisas que é a extensão dessa inteligência artificial do celular para toda a casa, através de aparelhos inteligentes. Hoje é possível controlar uma geladeira, a luz da casa, a temperatura ambiente, a babá eletrônica e verificar as câmeras de maneira remota pelo celular.

2.4.2 Inteligência artificial e centrais telefônicas, redes sociais e serviço de atendimento do consumidor

Os *chatbots* estão cada vez mais populares nas empresas. São utilizados no atendimento do cliente, filtrando e resolvendo os pequenos problemas, em que não são necessárias intervenções humanas, e já preparam os dados para a resolução mais rápida dos problemas em casos mais difíceis, em que há a necessidade da intervenção humana.

Centrais de atendimento ao consumidor aos poucos estão substituindo os trabalhadores por inteligências artificiais, deixando somente os atendimentos específicos, que contêm um grau de dificuldade elevado, para que a inteligência humana resolva.

2.4.3 Inteligência artificial e carros autônomos

Muito foi sonhado na literatura e no cinema que carros tivessem a capacidade de serem autônomos, enquanto o motorista lê um jornal, conversa ou participa de uma reunião. A partir da década de 2010, houve um aceleramento no desenvolvimento de carros autônomos. Empresas que tinham foco somente no meio tecnológico hoje investem em tecnologias para carros autônomos, que utilizam inteligência artificial para a tomada de decisões, assim se aventurando dentro da indústria automotiva. Grandes montadoras, vendo essa movimentação, também começaram os estudos para construírem seus próprios carros autônomos.

A tendência é de que a inteligência artificial substitua o homem primeiramente no transporte, como em ônibus, táxis e aplicativos de transporte de passageiros, que se tornariam aplicativos de carros autônomos, para que depois chegue aos carros particulares.

Uma vantagem do estudo de carros autônomos é a diminuição de acidentes, buscando evitar aqueles que foram causados por distrações, direção em alta velocidade e ingestão de bebidas alcoólicas.

2.4.4 Inteligência artificial nos jogos

Sobre a aplicação da inteligência artificial dentro dos jogos, o primeiro nome que vem à mente é o Deep Blue. No final dos anos 1990, houve a talvez mais famosa partida de xadrez da história, com, de um lado, Garry Kasparov, um dos maiores enxadristas de todos os tempos e, de outro, o Deep Blue, um supercomputador equipado com uma inteligência artificial própria para jogos de xadrez. Em 1996, Kasparov venceu o Deep Blue por quatro jogos a dois, e em 1997, em uma revanche, Deep Blue ganhou de três jogos a dois, e um empate.

Esse episódio mostra mais claramente que a relação entre jogos e inteligência artificial é importante e de longa data. Claude Shannon já na década de 1950 escreveu artigos sobre a relação entre redes neurais e jogos, e foi a partir desses estudos e aprimoramentos que se chegou ao Deep Blue.

A indústria dos jogos é uma das mais bem-sucedidas no mundo, e esse sucesso a impulsiona a investir pesado na tecnologia da inteligência artificial, principalmente dentro de funções de construções de cenários e inimigos. Se antes o movimento era inteiro programado, hoje cada vez mais é utilizada a inteligência artificial para simular novos movimentos e se adaptar à habilidade do jogador, balanceando a dificuldade do jogo.

E o futuro da inteligência artificial nos jogos ainda reserva muito, como simulação completa de cenários, circuitos, personagens e falas. A computação em nuvem e o poder de processamento dos novos consoles e celulares fazem com que seja interessante o investimento em inteligência artificial nessa área.

2.4.5 Inteligência artificial na medicina

Uma das áreas mais tradicionais de todo o mundo, a medicina também está sendo revolucionada pela inteligência artificial. O primeiro ponto a ser destacado é que a telemedicina tem avançado bastante. Através do aprendizado de máquina, a inteligência artificial vai treinando o sistema de sintomas e diagnósticos, tendo hoje uma taxa altíssima de acerto em doenças mais simples, sobre as quais os postos de saúde e os prontos atendimentos mais trabalham. É possível realizar o diagnóstico de forma remota, evitando o compartilhamento de agentes causadores de doenças em hospitais.

Outro ponto que está sendo trabalhado com inteligência artificial é o campo cirúrgico, sendo utilizados braços robóticos para a realização de pequenas cirurgias. E com esse avanço, as cirurgias têm se mostrado menos intrusivas e mais assertivas. O ideal de aplicabilidade não é a troca do capital humano, e sim uma cooperação entre homem e máquina para a realização de cirurgias.

2.4.6 Inteligência artificial nas cidades

Tem-se iniciado um grande estudo para não somente os celulares, os carros, os consultórios e escritórios serem inteligentes, como também as cidades como um todo. A ideia das *Smart Cities* tem crescido ao redor do mundo.

O conceito de *Smart Cities* não parte primariamente de uma inteligência artificial, mas do homem e suas interações, sendo que os sistemas vêm para integrar as pessoas e o meio, através da cultura do compartilhamento, que interage com sensores da cidade e, com isso, vão se melhorando, por exemplo, as rotas dos automóveis e ônibus, evitando-se congestionamentos e acidentes, para melhor adaptar a cidade e seus passageiros. Também é possível realizar uma distribuição mais acertada da energia e o controle do saneamento da cidade, com compartilhamento de caronas, uso consciente de meios de transporte não poluentes, entre outras possibilidades para as cidades ficarem mais inteligentes e com mais interações. Tudo isso gerenciado por aplicativos que melhoram o ciclo de vida da cidade.

A inteligência artificial pode gerenciar todas essas situações, prever gargalos no tráfego e nos recursos e gerenciar melhor a cidade. Com a evolução da conectividade, com uma taxa de velocidade cada vez maior e uma taxa de latência cada vez menor, o fornecimento dessas informações está cada vez mais amplo.

2.4.7 Inteligência artificial na área jurídica

Também na área jurídica está crescendo a demanda por inteligência artificial. Atualmente, uma inteligência artificial pode ser modelada para analisar as decisões de todos os juízes de uma comarca, verificar a legislação, jurisprudência e outros fatores preponderantes e, assim, fazer o cálculo de probabilidade de ganho de uma ação, o que é estudado dentro do direito na jurimetria. Inteligências artificiais também já conseguem montar petições, analisar petições contrárias para serem respondidas, gerar respostas automáticas para clientes e avisar sobre movimentações dos processos.

Para as empresas, com a publicidade das informações, se tornou mais acessível o mundo do direito. Com isso, cada vez mais se tem adotado a inteligência artificial para a análise jurídica. O principal hoje é a análise de alocação de valores para os custos jurídicos, pois com ela é possível ajustar corretamente o orçamento, melhorando o desempenho da empresa. Se o valor for alocado a mais, diminui o capital de giro da empresa, e se for de menos, pode quebrar uma empresa, por isto essa importância.

Há também estudos de adoção da inteligência artificial pelo Ministério Público, pelo Judiciário e outros órgãos, para acelerar os processos. É nítido hoje que há uma demanda judiciária muito grande da qual não se dá conta totalmente ainda. Por isso é tão importante a inteligência artificial para otimizar os processos.

Diante de todos estes fatos, cada vez mais se demandará de toda a área jurídica não somente conhecimento jurídico, mas também conhecimento tecnológico, linguagem de programação, lógica computacional e conhecimento de novas tecnologias.

2.4.8 Capacidades necessárias de uma máquina para ser aprovada no teste de Turing

Existem alguns passos lógicos para que uma inteligência artificial simule a inteligência de um ser humano. Os passos são o processamento de linguagem natural, representação do conhecimento, raciocínio automatizado, aprendizado de máquina, visão computacional e a robótica.

Os primeiros passos para a construção de uma máquina que seja aceita pelo teste de Turing é o processamento de linguagem natural. O processamento de linguagem natural é a capacidade de uma máquina de compreender um padrão natural de linguagem, isto é, entender e compor textos.

Russel e Norvig (2004, p. 4) explanam que o computador precisa ter a capacidade de "processamento de linguagem natural para permitir que ele se comunique com sucesso em um idioma natural". A avaliação desta capacidade de entendimento de um texto se baseia em como um ser humano deve entender um texto, buscando reconhecer o contexto do texto, executando ações de análise sintática (combinação das palavras entre si), semântica (o sentido dos vocábulos e da interpretação das sentenças), léxica (conjunto de palavras que as pessoas têm à disposição para expressar-se) e morfológica (estudo da estrutura, da formação e da classificação dos vocábulos). A partir desde pontos, a inteligência artificial deve criar resumos, extrair informações, interpretar os sentidos como figuras de linguagens, analisar sentimentos e até aprender conceitos com os textos processados. Logicamente, é um processo longo até que uma inteligência artificial consiga chegar a esse ponto de perfeição. Também deve ser levado em consideração que hoje não somente é aplicada para textos a inteligência artificial, mas para qualquer padrão, como sons, vídeos, imagens e outros.

O segundo passo para a construção de uma inteligência artificial é a representação do conhecimento, criando-se um modelo para armazenamento de dados, simplificando a realidade. Russel e Norvig (2004, p. 4) explicam que o computador precisa ter a capacidade de "representação de conhecimento para armazenar o que sabe ou ouve". O grande diferencial é transformar os problemas de ação inteligente para problemas de busca, em outras palavras, guardar aquilo que é importante, deixando de fácil acesso para a inteligência artificial, e descartar o desnecessário. O segredo aqui é ponderar o que é importante. Para um diálogo natural, o placar de um jogo de futebol pode ser relevante ou não naquele ambiente, por isso a necessidade de calibrar apenas o necessário, definindo objetos e relações, para adicioná-los a um banco de dados.

O terceiro passo para a construção de uma inteligência artificial é o raciocínio automatizado. Russel e Norvig (2004) explanam que o computador precisa ter também a capacidade de "raciocínio automatizado para usar as informações armazenadas com a finalidade de responder a perguntas e tirar novas conclusões". Neste ponto, a máquina não apenas responde, mas também retira palavras-chave das perguntas feitas e a partir delas tenta responder satisfatoriamente, sempre observando os princípios da sintática, semântica, léxica e morfologia.

O quarto elemento para a construção de uma inteligência artificial é o aprendizado de máquina. Este pode ser considerado o grande diferencial em relação a algoritmos e softwares que costumeiramente conhecemos. Por padrão eles são praticamente estáticos, respondendo à programação contida em suas linhas de código. Já o aprendizado de máquina é aquilo que faz a inteligência artificial ser inteligente. Ela vai aprendendo com os erros, em um processo de verdadeiro e falso, construindo seu conhecimento até poder conseguir responder satisfatoriamente a uma questão. Diz George F. Luger (2004, p. 333):

> A habilidade de aprender deve fazer parte de qualquer sistema que reivindique possuir inteligência num sentido geral. De fato, no nosso mundo de símbolos e interpretações, a noção de intelecto imutável parece ser uma contradição. Agentes inteligentes devem ser capazes de se modificarem ao longo do curso de suas interações com o mundo, bem como pela experiência de seus próprios estados e processos internos.

O quinto passo, já não obrigatório, porém importante, para a construção de uma inteligência artificial é a visão computacional, sendo este o processo de modelagem e a tentativa de criar de maneira análoga a visão humana usando software e hardware. Temos hoje a capacidade, com novas câmeras e um processamento mais avançado, de simular melhor como funciona a visão humana. Máquinas hoje são capazes de entender gestos, sentimentos e ações através da visão computacional. Após testes e aprendizagens, há a possibilidade de uma máquina saber se a pessoa à sua frente está triste, alegre, com medo, com raiva, dentre outros. Outra propriedade importante da visão computacional é como reconstruir, interromper e compreender uma cena em três dimensões a partir de suas imagens em duas dimensões, com profundidade e texturas. A visão computacional também deve ser observada em sua equivalência com outros elementos, como sons, vídeos, imagens e outros. Como sempre, o fator sensorial humano é levado em conta para a construção de uma inteligência artificial.

O sexto passo é a robótica, que, como o quinto passo, não é obrigatório, porém importante. Se a visão computacional é o captar sensorial do ambiente e de suas interações, a robótica, aplicada dentro do campo da inteligência artificial. faz o contrário. A robótica é a resposta ao ambiente daquilo que a inteligência artificial captou e processou. Hoje, com o avanço dos sensores em sua capacidade de miniaturização e de precisão, a resposta que é dada pela robótica é muito mais precisa e detalhada. Movimentos como os de braços mecânicos e outros são feitos com precisões milimétricas.

Estes são os seis elementos que compõem a maior parte dos estudos em relação a uma inteligência artificial. Aquilo que foi conceituado por Alan Turing continua relevante, mesmo após 60 anos de sua morte.

Fundamentos da inteligência artificial

Para a construção de todos os estudos sobre inteligência artificial foi necessário o conhecimento de várias disciplinas. Se a inteligência artificial busca em seu grande fim teórico o simular do cérebro humano e as tomadas de decisões, é necessário todo o histórico de estudos do cérebro humano, sob todas as suas nuances, desejando-se, assim, para construir uma inteligência artificial, conhecimento e soluções do campo da matemática, lógica, algoritmos, biologia, o entendimento da linguística e também de conceitos filosóficos.

3.1 Filosofia

Uma das mais importantes disciplinas que regem os estudos da inteligência artificial é a filosofia. De maneira clara, a filosofia vem contribuir com as autorreflexões sobre o ser humano e o ponto de partida para os estudos. Para o campo de estudos sobre inteligência artificial cabem perguntas como "De onde vem o conhecimento?", "Como tomamos decisões a partir do conhecimento?", "Como a inteligência humana se desenvolve no cérebro?".

Dentro dessa caminhada na Filosofia, nos voltamos principalmente para Aristóteles. Aristóteles foi discípulo de Platão durante 20 anos, como conta a história. Platão ensinava sobre o conceito de mundo sensível e mundo das ideias, sendo que toda a nossa experiência de conhecimento nesta terra era o contato de nossa alma com o mundo das ideias. Aristóteles diverge de Platão em sua teoria do conhecimento, sendo que propõe que os nossos pensamentos não surgem do contato de nossa alma com o mundo das ideias, mas da experiência sensível. No início de "Metafísica", Aristóteles diz assim:

> Por isso, os animais são, de fato, naturalmente dotados de sensação para agirem.
>
> Mas alguns não geram em si a memória a partir de suas sensações; outros, porém, a geram. E, por isso, alguns, de fato, são mais capazes e aptos para aprender do que outros que não podem recordar. São, pois, aptos, mas não aprendem, como qualquer

> animal que não é capaz de ouvir os sons, como as abelhas e outros animais que são desse mesmo gênero. Ora, aprendem os que, além de memória, têm esse sentido.
>
> Ora, enquanto os outros animais vivem de imagens e memórias e participam pouco da experiência, o gênero humano, porém, vive da arte e dos raciocínios. (ARISTÓTELES *apud* AQUINO, 2016, p. 28).

Diante de Aristóteles, percebemos o quanto é importante para o conhecimento o contato com o mundo sensível. Se o ser humano tem a capacidade de percepção através dos sentidos de tudo o que faz, isso nos dá abertura para que uma máquina não mais necessite acessar esse mundo das ideias, mas aprender com a absorção e captação de dados, e assim a máquina possa computar os dados criando essa percepção. A inteligência artificial hoje, mesmo a especialista, tenta ao máximo recolher dados para que o computador possa fazer mais fielmente o tratamento desses dados como um ser humano faz.

3.2 Matemática

Passados os primeiros pontos em relação a uma reflexão filosófica do conhecimento, é preciso ordenar todo esse conhecimento para uma linguagem que possa ser computada. Da abstração filosófica, entramos na quantificação matemática.

Três grandes áreas matemáticas foram necessárias para a construção do esqueleto de uma inteligência artificial: a lógica, a computação e a probabilidade.

Dentro da construção de uma inteligência artificial, a lógica talvez seja a matéria mais evidente. O início dos estudos remete à Grécia Antiga, mas o trabalho ganha um novo capítulo e uma base sólida com George Boole. George Boole[1] foi um

1. Boole pensava que os nossos processos de raciocínio, na vida cotidiana, poderiam ser representados em termos de lógicas formais. Ele acreditava que, a

inglês que viveu no século XIX, e tornou-se um dos gênios que possibilitariam, mais tarde, a invenção dos computadores. Seus ensinamentos são dados até hoje nas aulas dos cursos relacionados à computação.

Com os estudos de Boole e a aplicação de Claude Elwood Shannon da álgebra booleana em circuitos computacionais, surgiu toda a base da computação, com seus circuitos de falso e verdadeiro, e suas expressões mudaram o modo de abstração na computação.

Com a lógica matemática, tornou-se possível computar aquilo que se desejava. O avançar da computação sempre foi determinado por algoritmos matemáticos que pudessem traduzir os vários problemas reais para problemas computacionais através da lógica matemática. Alan Turing foi um dos que se utilizaram desses algoritmos para a evolução da computação e da matemática.

O último ponto em relação à matemática são os problemas de probabilidade. Nem em todas as ações e decisões se conseguem aplicar um algoritmo matemático. A probabilidade entra para lidar com medidas incertas e teorias incompletas. Gerolamo Cardano, Pierre Fermat, Blaise Pascal, Pierre Laplace e Thomas Bayes foram matemáticos importantes para se lidar com o incerto dentro do campo da inteligência artificial.

3.3 Economia

Dentro do campo da economia não se trata somente de maximizar lucros, ou de ganhar mais dinheiro, mas, sim, como citado por Stuart Russel e Peter Norwig (2004, p. 4):

---

rigor, poderíamos mesmo chegar a exprimir o raciocínio humano em termos matemáticos. Boole dispôs-se a fazer exatamente isso: estudou matemática sozinho e iniciou sua pesquisa sobre a lógica dos processos de pensamento.

> A maioria das pessoas pensa que economia se trata de dinheiro, mas os economistas dirão que na realidade a economia estuda como as pessoas fazem escolhas que levam a resultados preferenciais.

A teoria da decisão, que estuda a teoria da probabilidade com a teoria da utilidade, fornece uma estrutura formal e completa para as decisões, sejam econômicas, sejam de outras áreas, e é por isso que é utilizada como base na inteligência artificial. Diante da complexidade da tomada de decisão humana, é preciso observar estes trabalhos e a sua evolução dentro da economia.

3.4 Neurociência

A neurociência é a ciência que estuda todo o sistema nervoso, de maneira muito especial, do nosso cérebro. É de suma importância seu estudo para o caminhar da inteligência artificial. A inteligência artificial teve no início o objetivo de simular o ser humano, observando os seus nervos, o cérebro e como faz a tomada de decisões. As inteligências artificiais contam com partes que simulam o cérebro humano, como os neurônios. Os neurônios dentro de um uma inteligência artificial são capazes de simular o processamento de uma tarefa.

Em "O Humano mais Humano, o que a inteligência artificial nos ensina sobre a vida", Brian Christian, filósofo e cientista da computação, detalha em um dos seus capítulos o quanto a neurociência é importante para a construção de uma inteligência artificial. Em um dos debates que traz, ele trata dos hemisférios de cérebro, separando-os de maneira simples, sendo o hemisfério esquerdo o "computador" humano e o hemisfério direito responsável pelas percepções mais voltadas à questão artística e de sutilezas. O hemisfério esquerdo seria o responsável, por exemplo, pela estrutura da fala, composição sintática e boa parte da semântica, e o hemisfério direito pelas sutilezas, como ironia, metáforas, alegorias e ambiguidades. Brian Christian (2013, p. 81) diz que "ao educar melhor o hemisfério esquerdo, valorizá-lo mais, recompensar e aperfeiçoar suas habilidades, começamos de fato a nos tornar computadores."

Compreende-se aqui a importância da neurociência dentro dos estudos da inteligência artificial. A tendência atual é que, dentro dessa ótica, o trabalho repetitivo e maçante será substituído pela inteligência artificial e outras tecnologias, substituindo assim a mão-de-obra que trabalha sistematicamente com o hemisfério esquerdo do cérebro e tem a tendência de se "considerar máquina", e assumindo mais o posto de entender coisas mais complexas e sutilezas que uma inteligência artificial ainda não é capaz de substituir.

3.5 Linguística

Desde Skinner e sua abordagem behaviorista para o aprendizado da linguagem, passando por Noam Chosmsky e seus modelos sintáticos, abrindo a possibilidade de uma língua formal ser programada, temos hoje muito interesse na linguística como ciência para evoluirmos cada vez mais a comunicação entre máquinas e humanos. Alan Turing já pensava na possibilidade de um computador conseguir simular um diálogo com alguém a ponto de poder ser confundido com um ser humano. Utilizando o assim batizado Teste de Turing, o Prêmio Loebner testa se inteligências artificiais podem enganar um homem a ponto de ele achar que a máquina é verdadeiramente um ser humano.

Hoje, a importância da área da linguística dentro da inteligência artificial ganha cada vez mais significado com assistentes pessoais que, conversando com seres humanos, conseguem executar ações como marcar um jantar, agendar uma reunião e trazer o resultado da bolsa de valores no final do dia de maneira automática, tudo isso de uma forma bastante "natural" e parecida com o agir humano.

3.6 Engenharia da computação

Um computador não é somente uma máquina com um tamanho de memória física, um processador central e uma placa-mãe. Um computador serve para um propósito, que é específico para o seu uso, podendo ser um servidor, uma calculadora científica, um computador pessoal, um celular, um minerador de moedas digitais, entre outros.

Um dos primeiros computadores foi a máquina eletromecânica de Heath Robinson , criado por uma equipe em que Alan Turing participava e tinha o objetivo de descriptografar as mensagens das potências do Eixo, principalmente as mensagens alemãs. Os feitos de Turing mudaram literalmente os rumos da Segunda Guerra Mundial, salvando inúmeras vidas.

Dentro da engenharia da computação existem estudos para a construção de computadores específicos para cada área, incluindo a inteligência artificial. Com a miniaturização dos processadores, as empresas estão buscando criar processadores específicos para o uso de uma inteligência artificial, procurando um melhor ganho de velocidade e resposta de processamento e sendo mais assertivo, além de que assim pode-se liberar o processador principal para outras operações, mais genéricas.

3.7 A função e os problemas gerados pela inteligência artificial

Em um primeiro momento, as inteligências artificiais eram imaginadas como algo que poderia substituir o ser humano, pensando por completo, falando e escutando, com abertura às artes e à ciência, que raciocinassem e tomassem decisões. Com o tempo, houve uma mudança de paradigma. Em vez de uma inteligência artificial completa, foi-se especializando a inteligência artificial para que fizesse funções específicas. E é neste cenário que nos encontramos hoje.

As pesquisas atuais em relação à inteligência artificial para aplicação no mercado de trabalho são sobre a sua utilização para a análise de grandes quantidades de dados e de trabalhos relacionados. O objetivo é separar aquilo que máquina e homem podem fazer melhor.

Há um movimento dentro das corporações de mudança do perfil dos profissionais. Se antes aqueles mais organizados, que entregavam o trabalho constante e repetitivo, eram os mais valorizados, hoje eles são os mais facilmente substituíveis por inteligências artificiais.

A inteligência artificial gerará impactos por toda a sociedade, em todas as áreas de conhecimento. Sobre médicos, advogados, juízes, contadores, engenheiros, metalúrgicos, vendedores e tantas outras atividades. Klaus Schwab (2018, p. 44), fundador do Fórum Econômico Mundial, diz:

> A pesquisa (de dois pesquisadores da Oxford Martin School, o economista Carl Benedikt Frey e o especialista em aprendizagem automática Michael Osborne) concluiu que cerca de 47% do emprego total nos Estados Unidos está em risco; algo que poderá ocorrer em uma ou duas décadas, sendo caracterizado por um escopo muito mais amplo de destruição de empregos e por um ritmo de acelerações muito mais veloz do que aquele ocorrido no mercado de trabalho pelas revoluções industriais anteriores.

Dessa forma, temos uma grande ferramenta, que é a inteligência artificial, mas precisamos moldar o caminho na qual queremos trilhar com ela. É preciso não somente preparar a inteligência artificial, mas também pensar maneiras de remanejamento da mão-de-obra, treinamento para novas áreas e construir melhores conceitos de utilização dela.

A valorização do homem hoje segue muito a linha de raciocínio de autores como Daniel Goleman, que trata sobre inteligência emocional. A inteligência artificial ficará com cálculos pesados, tarefas repetitivas e grandes análises de dados, já que executa trabalhos repetitivos, e o homem será responsável pela empatia, pela tomada de decisões e por posições de criatividade.

O histórico da inteligência artificial inserido no contexto das Revoluções Industriais

Os estudos históricos das revoluções industriais são imprescindíveis para entender a evolução da inteligência artificial. Como visto no capítulo anterior, a aplicabilidade da inteligência artificial se alterou muito através da história, o que fica mais claro principalmente quando são estudadas as revoluções industriais. Desde a primeira revolução industrial muita coisa mudou, como os nossos hábitos de vida, o momento na qual nos deitamos e levantamos, o aumento do trabalho intelectual, o uso das máquinas e a diminuição do trabalho físico do homem, as relações pessoais, o contato com as redes sociais e o modo de aprendizagem. Percebe-se, assim, que a inteligência artificial foi moldada com o tempo para atender o homem em seus problemas.

4.1 Pré-revolução industrial

Para compreender a evolução tecnológica até a inteligência artificial como conhecemos, precisamos voltar para antes da primeira revolução industrial. Podemos dizer que tudo era mais "tranquilo e pacato". Os hábitos estavam mais fixos em relação ao tempo, observando as estações do ano e os ciclos de dia e noite. Havia uma grande valorização do trabalho manual. O ferreiro, sapateiro, fiador, carpinteiro e outras profissões manuais tinham grande valor. Tínhamos máquinas simples que davam suporte a estes trabalhos manuais. Quando o negócio era realmente grande, tinham a opção de se organizar e dividir as etapas em processos. As produções eram feitas em oficinas que funcionavam na própria casa do artesão, que comandava todo o processo de fabricação, desde a escolha das matérias-primas até a comercialização do produto finalizado, ali mesmo em sua oficina. Em suma, as relações de trabalho eram feitas em organizações familiares. As profissões eram normalmente repassadas de pai para filho. Os negócios eram realmente familiares. O ofício era repassado por gerações.

O que realmente mudou entre o final do regime feudal para até o momento da Revolução Industrial foi o mercantilismo. O que antes eram apenas diálogos e troca de moedas no vilarejo ganhou proporções continentais.

Com a consolidação dos Estados, houve também o início da economia como conhecemos hoje. As políticas estatais mudaram completamente o modo de vida das oficinas, onde então, o objetivo foi de transformar o que era produção local para a venda e exportação dos produtos. Dessa maneira, houve um estímulo muito maior em relação à quantidade de produtos fabricados. Este fato foi o grande empurrão para chegar a grande primeira revolução industrial.

4.2 Primeira revolução industrial

A primeira revolução industrial foi o momento histórico que consideramos do período de 1760 a 1840. Trata-se como ponto de transição para a primeira revolução a mudança dos métodos de produção artesanais para a produção por máquinas em fábricas. A primeira revolução se iniciou na Inglaterra e se espalhou por toda a Europa Ocidental e também para os Estados Unidos.

Na Inglaterra, os dois grandes fatores foram a sua grande reserva em carvão mineral e o estabelecimento da burguesia inglesa. Outros fatores também contribuíram com a primeira revolução industrial, como os novos mercados que estavam em expansão, como o próprio Brasil e toda a América do Sul, o continente africano, norte-americano e países como a Índia, sendo que muitos deles ainda eram colônias de países europeus. O crescimento demográfico da população deu margem de segurança para que também o mercado destes estados fosse observados.

Dentro do processo produtivo houve uma grande mudança. Se antes o trabalhador era dono de sua manufatura, criou-se uma nova modalidade de relação nas relações de trabalho, alteradas com a proletarização do trabalhador. Com a evolução das grandes máquinas, as partes mais pesadas e repetitivas da produção passaram a ser realizado por elas, agilizando o processo e aumentando a produção. Com isso, cada vez menos era necessário o ferreiro, sapateiro ou o carpinteiro, ou seja, a mão-de-obra especializada, pois as máquinas poderiam ser usadas por trabalhadores que não tinham tanto conhecimento. A mão-de-obra cresceu muito graças também aos cercamentos e ao êxodo rural dos trabalhadores na Inglaterra. Os grandes empresários aos poucos se estabeleceram, e mais e mais mão-de-obra era necessária para garantir o aumento de produção.

Outro marco para o início da primeira revolução industrial foi o uso da máquina a vapor, construída por Thomas Newcomen em 1698, e em que foram feitos aperfeiçoamentos por James Watt em 1765. O grande feito de Watt[1] foi conseguir fazer com que o desperdício de energia da máquina fosse reduzido, melhorando consideravelmente o desempenho da máquina a vapor.

1. Watt por este feito foi eternizado, sendo que foi homenageado graças as suas contribuições cientificas e está presente em nossos dias, pois a unidade de potência do Sistema Internacional de Medidas (SI) leva o seu nome, sendo de grande importância essa unidade na física e na engenharia, e também faz parte do dia a dia da população quando compra lâmpadas ou até mesmo eletrodomésticos.

Podem-se destacar dois grandes tipos de máquinas que foram de suma importância na época. O primeiro destaque foi das máquinas que produzem tecidos para a indústria têxtil. Essa máquina usava a força motriz da água para fiar os fios de algodão, aumentando e muito a velocidade da produção de tecidos. O segundo destaque foi das máquinas a vapor, que possibilitaram o aumento de quantidade e velocidade do transporte de mercadorias. Graças a estas máquinas se criou na Inglaterra uma grande malha ferroviária, que aqueceu e muito a economia.

Observando isso, os trabalhadores que antes tinham sua manufatura, ou até mesmo trabalhavam no campo, foram em grande parte obrigados a aceitar uma jornada de trabalho que poderia se estender por até 16 horas por dia, com pequenas pausas para as refeições. Nessa época não havia os cuidados com a segurança no trabalho. Os acidentes eram bem mais comuns e os trabalhadores não tinham direitos assegurados quando se acidentavam, não recebendo nenhum auxílio do Estado ou qualquer pagamento de salário dos patrões pelo tempo de afastamento.

A precarização contribuiu para o surgimento das organizações de trabalhadores e sindicatos, sendo uma grande exigência desses trabalhadores melhores condições de trabalho, com mais segurança, jornadas reduzidas e melhores salários.

Até mesmo a Igreja Católica se pronunciou sobre a primeira revolução industrial, principalmente através do Papa Leão XIII, em sua impactante encíclica social *Rerum Novarum*:

> Entre estes deveres, eis os que dizem respeito ao pobre e ao operário: deve fornecer integral e fielmente todo o trabalho a que se comprometeu por contrato livre e conforme à equidade; não deve lesar o seu patrão, nem nos seus bens, nem na sua pessoa;

as suas reivindicações devem ser isentas de violências e nunca revestirem a forma de sedições; deve fugir dos homens perversos que, nos seus discursos artificiosos, lhe sugerem esperanças exageradas e lhe fazem grandes promessas, as quais só conduzem a estéreis pesares e à ruína das fortunas.

Quanto aos ricos e aos patrões, não devem tratar o operário como escravo, mas respeitar nele a dignidade do homem, realçada ainda pela do Cristão. O trabalho do corpo, pelo testemunho comum da razão e da filosofia cristã, longe de ser um objeto de vergonha, honra o homem, porque lhe fornece um nobre meio de sustentar a sua vida. O que é vergonhoso e desumano é usar dos homens como de vis instrumentos de lucro, e não os estimar senão na proporção do vigor dos seus braços. O cristianismo, além disso, prescreve que se tenham em consideração os interesses espirituais do operário e o bem da sua alma. Aos patrões compete velar para que a isto seja dada plena satisfação, para que o operário não seja entregue à sedução e às solicitações corruptoras, que nada venha enfraquecer o espírito de família nem os hábitos de economia. Proíbe também aos patrões que imponham aos seus subordinados um trabalho superior às suas forças ou em desarmonia com a sua idade ou o seu sexo.

Mas, entre os deveres principais do patrão, é necessário colocar, em primeiro lugar, o de dar a cada um o salário que convém. Certamente, para fixar a justa medida do salário, há numerosos pontos de vista a considerar. Duma maneira geral, recordem-se o rico e o patrão de que explorar a pobreza e a miséria e especular com a indigência, são coisas igualmente reprovadas pelas leis divinas e humanas; que cometeria um crime de clamar vingança ao céu quem defraudasse a qualquer no preço dos seus labores: «Eis que o salário, que tendes extorquido por fraude aos vossos operários, clama contra vós: e o seu clamor subiu até aos ouvidos do Deus dos Exércitos». Enfim, os ricos devem precaver-se religiosamente de todo o ato violento, toda a fraude, toda a manobra usurária que seja de natureza a atentar contra a economia do pobre, e isto mais ainda, porque este é menos apto para defender-se, e porque os seus haveres, por serem de mínima importância, revestem um carácter mais sagrado. A obediência a estas leis — perguntamos Nós — não bastaria, só de per si, para fazer cessar todo o antagonismo e suprimir-lhe as causas? (LEÃO XIII, 1891).

Com o tempo foi se equilibrando a relação entre os direitos dos trabalhadores e a produtividade dos patrões.

A primeira revolução industrial é um grande marco na história e somos impactados até hoje por ela. Com o aumento de produção e exportação, mais e mais pessoas conseguiam ter acesso a produtos que antes não tinham a condição de tê-los.

4.3 A segunda revolução industrial

A segunda revolução industrial foi um momento histórico ocorrido do período de 1850 a 1945, com o fim da segunda guerra mundial. Trata-se como ponto inaugural da segunda revolução industrial a transição de métodos da tecnologia a vapor para uma série de desenvolvimentos dentro da indústria química, de petróleo, de aço e principalmente a elétrica. Esse período marca também a consolidação da Alemanha e dos Estados Unidos como grandes potências industriais, se unindo à França e ao Reino Unido.

A segunda revolução industrial é vista como apenas uma etapa da revolução industrial, pois, de um ponto de vista social e tecnológico, não houve uma clara ruptura entre as duas, sendo uma o aperfeiçoamento da outra.

Pode-se dizer que a primeira revolução industrial abriu a imaginação dos grandes inventores da época. Na segunda revolução industrial se concretizam vários sonhos do homem, como, por exemplo, voar, consequência do desenvolvimento do avião, por Santos Dumont.

Os vários conflitos que culminaram na primeira e na segunda guerras mundiais também fizeram com que a indústria se desenvolvesse para fins bélicos. Podemos citar os grandes navios de aço movidos a vapor, refrigeração mecânica, a produção em massa de bens de consumo, o enlatamento de comidas e outras técnicas de preservação de alimentos, a invenção do telefone eletromagnético para comunicação e o desenvolvimento do avião para fins de observação e com potencial destrutivo.

Sobre Santos Dumont, Alceu Amoroso Lima (1960, p. 14) descreve:

> Em 1902 e em 1904, os feitos de Santos Dumont, com a dirigibilidade do mais leve que o ar e o voo da Demoiselle, se não eram tampouco um começo absoluto, eram passos novos e decisivos, comparáveis ao que hoje dão os físicos russos com os lançamentos dos primeiros satélites artificiais, prosseguimento da era aérea então iniciada. Um brasileiro abria os caminhos do ar, como os portugueses, na aurora dos tempos modernos, tinham aberto os caminhos do mar, em direção dos dois extremos da terra, o Ocidente e o Oriente.

No campo do eletromagnetismo, dois grandes nomes se destacam no período da segunda revolução industrial: Nikola Tesla e Thomas Alva Edison. Como Watt, citado anteriormente, Tesla também foi eternizado, sendo homenageado por suas contribuições científicas, como a base dos modernos sistemas de potência elétrica em corrente alternada, incluindo os sistemas polifásicos de distribuição de energia e o motor de corrente alternada. A unidade que mede a indução eletromagnética foi nomeada pelo Sistema Internacional de Medidas (SI).

No campo dos combustíveis fósseis, foi feito um grande desenvolvimento dos motores de combustão interna. Dois nomes se destacam neste campo, Gottlieb Daimler e Henry Ford. Primeiramente, Gottlieb Daimler conseguiu utilizar o petróleo, em vez do gás de carvão, como combustível para os motores de combustão interna. Com isso, Henry Ford fez do motor de combustão interna um fenômeno do mercado em massa, utilizando-se da linha de produção para a construção de carros, dando início ali à criação em massa das frotas de carro até o caos que visualizamos hoje em nossas cidades.

O fim da segunda revolução industrial marca o início de uma nova era no cenário da indústria mundial, a era atômica. Essa era se inicia com o estudo dos átomos e tem o seu ápice com as bombas nucleares que foram lançadas em Hiroshima e Nagasaki. Logicamente que os estudos em relação à física atômica não se restringem aos fins bélicos; também são importantes para o uso energético.

Menos intenso que o primeiro, a era espacial iniciou a corrida espacial na terceira revolução industrial. Tanto a era atômica quanto a era espacial se iniciam durante a segunda revolução industrial e são essenciais para a revolução industrial subsequente, a terceira. Diz Alceu Amoroso Lima (1960, p. 15):

> A telegrafia sem fio, o radar, a radiofonia, os cérebros humanos e o automatismo, a televisão, a fissão atômica de 1945 e agora com o começo da era astronáutica, como prosseguimento da técnica dos foguetes a jato e dos supercombustíveis - cada um destes acontecimentos é um marco ao longo de uma estrada. Cada um deles, por sua vez, era uma réplica moderna das grandes invenções da era do vapor e da eletricidade, que haviam marcado a introdução da máquina como o maior acontecimento dos tempos modernos.

Se durante a segunda revolução industrial a primeira e segunda guerras mundiais foram os motores para as inovações, entramos na terceira revolução industrial com a guerra fria.

4.3.1 O início dos estudos sobre inteligência artificial

Se antes consideramos os trabalhos teóricos de Turing, em 1943, Warren McCulloch e Walter Pitts colocam em prática o primeiro trabalho reconhecido sobre inteligência artificial. Russel e Norwig (2004, p. 18) escrevem sobre esse feito:

> Eles se basearam em três fontes: o conhecimento da fisiologia básica e da função dos neurônios no cérebro, uma análise formal da lógica proposicional criada por Russel e Whitehead, e a teoria de computação de Turing. Estes dois pesquisadores propuseram um modelo de neurônio que se caracteriza por estar "ligado" e "desligado", com a troca para "ligado" ocorrendo em resposta à estimulação por um número suficiente de neurônios vizinhos.

Anos mais tarde, graças a esse trabalho, foi criado um computador na universidade de Princeton que funcionava com 3000 válvulas, colocando esse projeto neural em prática.

4.4 A terceira revolução industrial

A terceira revolução industrial foi o momento histórico que consideramos do período de 1945, com o fim da segunda guerra mundial, até a virada para o século XXI. Podemos tratar como pontos essenciais da terceira revolução o uso de computadores e a digitalização de informações, o avanço da eletrônica, a automatização de fábricas, a corrida espacial e o avanço dos trabalhos em relação à energia nuclear. Este período tem dois grandes fatos históricos que o acompanham: a guerra fria e a virada do milênio.

Os grandes expoentes desta fase foram os Estados Unidos, a Rússia e a União Europeia. Conhecida como a era da informação, a terceira revolução industrial trouxe um grande marco, que foi o surgimento de grandes empresas como IBM, Microsoft, Apple, HP, dentre outras.

Um dos eixos da terceira revolução industrial foi a corrida espacial, que ocorreu a partir de 1957 entre o comunismo, representado pela União Soviética (URSS), e o capitalismo, representado pelos Estados Unidos. Esta foi uma grande disputa para saber quem tinha um melhor projeto espacial. Dentro da corrida espacial estava em jogo a segurança nacional dos Estados Unidos e da União Soviética, em vista das possibilidades de se usar o espaço para ataques e espionagem. Também a inovação e o marketing científico de quem era mais avançado eram disputados palmo a palmo na época.

O marco inicial da corrida espacial foi o lançamento do satélite artificial soviético Sputnik 1 em 4 de outubro de 1957, sendo o ponto mais alto da corrida espacial o homem pisar na lua. O marco de o homem pisar na lua ocorreu em uma missão norte-americana chamada Apollo 11, que pousou na superfície lunar em 20 de julho de 1969, com Neil Armstrong e Edwin Aldrin tornando-se os primeiros homens a caminhar no solo lunar.

A corrida espacial deu vários frutos, como o avanço dos estudos em relação ao micro-ondas para uso alimentar, lentes de óculos e avanços na matemática e na engenharia espacial que impactam até hoje.

Outro eixo da terceira revolução industrial se deu início por volta de 1970, se verificando com o aprofundamento dos estudos sobre a robótica, empregada nas linhas de montagem de automóveis, principalmente. Em vista disso, além dos grandes avanços tecnológicos e científicos que ocorreram dentro do campo industrial, também se beneficiaram dos avanços da robótica os processos dentro da agricultura, da pecuária e da prestação de serviços.

Mas o mais significativo da terceira revolução industrial é o fenômeno nomeado de era da informação. Aos poucos, todas as informações foram saindo do papel e da análise manual, migrando para os computadores. Cálculos que eram feitos a punho se tornaram muito mais fáceis e assertivos através da computação.

A internet criou o fenômeno do ciberespaço e as camadas de internet e intranet's ligaram o mundo. Com estas novas ligações e este novo modo de conexão do mundo, outro fenômeno tão debatido hoje surgiu: a globalização. Empresas antes citadas, como IBM, Microsoft, Apple, HP, e não somente elas, como também Coca-Cola, Nestlé, McDonald's e outras se tornaram grandes empresas globais. O mundo conectado dava condições, mesmo à distância, para controlar uma empresa e saber de sua saúde financeira e o contato com os consumidores.

Dentro deste fenômeno da era da informação, o barateamento do preço de armazenamento de dados, os grandes avanços da eletrônica e das engenharias foram de suma importância para o surgimento da era da informação.

4.4.1 O avançar dos estudos sobre inteligência artificial

Dentro da terceira revolução industrial se encontra o real nascimento das inteligências artificiais, na qual temos o campo já bem avançado hoje. O que é considerado o marco zero da ciência por trás da inteligência artificial ocorreu no ano de 1956 e é conhecido como o Seminário de Dartmouth. Russel e Norwig (2004, p. 19) tratam-no como o evento em que as grandes mentes se encontraram para discutir ideias e pensar no futuro.

> O seminário de Darthmound não trouxe nenhuma novidade, mas apresentou uns aos outros todos os personagens importantes da história. Nos vinte anos seguintes, o campo seria dominado por essas pessoas e por seus alunos e colegas do MIT, da CMU, de Stanford e da IBM. Talvez o resultado mais duradouro do seminário tenha sido um acordo para adotar o nome sugerido por McCarthy para o campo: inteligência artificial. É possível que racionalidade computacional fosse melhor, mas "IA" foi o nome que se fixou.

Nomes como John McCarthy, Nathan Rocheste, Claude Shannon, Marvin Minsky, Nathaniel Rochester, Allen Newell e Herbert Simon foram alguns que estiveram nessa conferência. A partir desse pontapé foram surgindo novos programas, como teoremas geométricos, linguagens de programação e outros.

Um grande problema à época foi a acusação de que a inteligência artificial estava muito abstrata e ainda não conseguia ajudar o ser humano na prática. Causa desse problema era a falta de conhecimento, no início, daquilo que era a inteligência artificial, a impossibilidade de tratar muitos problemas que a inteligência artificial estava tentando resolver e as ilusões de poder computacional ilimitado.

Na década de 1970 foi se alterando a visão sobre a inteligência artificial. Em vez de ampliar o campo de estudos para abarcar todo o conhecimento, o conhecimento foi sendo quebrado, para que se pudesse ser processado. O Dendral foi pioneiro desses programas, conseguindo apresentar soluções para estruturas moleculares orgânicas a partir da espectrometria de massa das ligações químicas presentes em uma molécula desconhecida. Depois foram se expandindo para outras áreas, como a médica e o reconhecimento de linguagem natural.

A partir da década de 1980 passou-se a se investir em inteligência artificial dentro da indústria, sendo que Estados

Unidos e Japão investiram em programas de aceleramento de tecnologias baseadas em inteligência artificial. Com o mundo em ebulição em relação à inteligência artificial, passou-se a ter maior rigor científico nos estudos, e novas ideias foram testadas. Surgem novas áreas, como a mineração de dados com base em redes neurais[2].

Já no final da terceira revolução industrial começaram a surgir diversos sistemas baseados em inteligência artificial. A ideia de sistema especialista[3] foi cada vez mais utilizada. Ainda estava no planejamento uma inteligência artificial mais ampla, mas comercialmente esse tipo de inteligência artificial não poderia dar frutos rapidamente.

4.5 Quarta revolução industrial

A quarta revolução industrial foi o momento histórico que consideramos do início do século XXI até os dias atuais. Podemos tratar como ponto essencial da quarta revolução o uso não mais centralizado no avanço das tecnologias, mas sim no avanço da comunicação e conectividade. Klaus Schwab[4] (2018, p. 16) diz em seu livro:

---

2. Redes neurais são sistemas de computação com nós interconectados que funcionam como os neurônios do cérebro humano. Usando algoritmos, elas podem reconhecer padrões escondidos e correlações em dados brutos, agrupá-los e classificá-los, e – com o tempo – aprender e melhorar continuamente.
3. Sistemas especialistas são aqueles que se restringem em uma área e se focam na melhor resolução possível para o problema demandado da área.
4. Klaus Schwab é engenheiro e economista, sendo ele Fundador e Presidente executivo do Fórum Econômico Mundial, e que com sua obra "A Quarta Revolução Industrial" discute a ruptura da Terceira Revolução, sendo tratado como uma nova linha em relação à indústria e o seu *modus operandi*.

> Ela [A Quarta Revolução Industrial] teve início na virada do século e baseia-se na Revolução Digital. É caracterizada por uma internet mais úbiqua e móvel, por sensores menores e mais poderosos que se tornaram mais baratos e pela inteligência artificial e aprendizagem automática.

Klaus Schwab lista três grandes tendências como os impulsionadores digitais para dentro desta quarta revolução industrial, sendo a categoria física listada por veículos autônomos, sendo estes não somente carros, mas também barcos, drones, helicópteros, tratores e outros veículos, impressão em 3D, robótica avançada e novos materiais. Dentro da categoria digital entram a inteligência artificial, a internet das coisas, *blockchain* e plataformas de economia sob demanda, como Airbnb e Uber. E dentro da categoria biológica é onde se encontram as maiores polêmicas, em que bioética e tecnoética discutem os limites das ações humanas, como a ativação e edição de genes e a biologia sintética.

O primeiro grande impacto desta quarta revolução industrial é o comportamento do trabalhador. Um dos grandes pontos de valorização é o trabalho criativo. Toda rotina e todo trabalho repetitivo aos poucos estão sendo trocado pela robótica e pela inteligência artificial.

> Tendo em conta esses fatores impulsionadores, há uma certeza: as novas tecnologias mudarão drasticamente a natureza do trabalho em todos os setores e ocupações. A incerteza fundamental tem a ver com a quantidade de postos de trabalho que serão substituídos pela automação. Quando tempo isso vai demorar e aonde chegará? (SCHWAB, 2018, p. 44).

Schwab cita que profissões como a advocacia, analistas financeiros, médicos, jornalistas, contadores, corretores de seguros ou bibliotecários serão parcialmente ou totalmente automatizados. Da construção civil, um dos últimos bastiões do trabalho manual, até a advocacia, um trabalho totalmente intelectual, a quarta revolução industrial impactará a todos.

E não somente a indústria será impactada, mas também os governos. Com uma maior conectividade e acesso às informações, os governos podem ser mais assertivos e, com menos recursos, gerirem melhor o Estado, pois, com novas tecnologias, existem dois rumos para se tomar:

> A tecnologia, cada vez mais, tornará os cidadãos mais aptos, oferecendo uma nova maneira de expressar suas opiniões, coordenar seus esforços e possivelmente contornar a supervisão estatal. Digo "possivelmente", porque o oposto pode muito bem acontecer, isto é, novas tecnologias de vigilância podem dar origem a autoridades públicas com excesso de poder em suas mãos. (SCHWAB, 2018, p. 73).

Outra situação gerada pela quarta revolução industrial e a sua alta conectividade é que hoje, ao contrário de criar um ciberespaço orgânico em que todos possam conviver, criou-se "guetos" na internet, na qual o algoritmo das redes sociais aproxima as pessoas com mesmo gostos e ideias, gerando assim intolerância nas ideias contrárias. Eli Pariser trata este problema como uma questão de confirmação de oferta e demanda, pois hoje o usuário, em suas redes sociais, muito mais que o diálogo, deseja que a rede social confirme sua ideia de mundo, o que faz com que o usuário permaneça mais tempo utilizando os aplicativos.

> As massas de dados acumulados pelo Facebook e pelo Google têm dois propósitos: para os usuários, são as chaves para a oferta de notícias e resultados pessoalmente relevantes; para os anunciantes, os dados são a chave para encontrar possíveis compradores. A empresa que tiver a maior quantidade de informações e souber usá-las melhor ganhará os dólares da publicidade. (PARISER, 2012).

4.5.1 A inteligência artificial e a quarta revolução industrial

Se a terceira revolução industrial foi também batizada como era da informação, na quarta revolução industrial extrapolamos esse conceito. Com a grande conectividade, há em nossa era uma superexposição de informação. Nunca a sociedade teve que lidar com tantos dados, de inúmeras fontes.

Diante de tanta informação, a tecnologia que se sobressai é a inteligência artificial, sendo esta responsável por filtrar e tomar as melhores decisões diante do excesso de informação. Com a inteligência artificial, novas tecnologias se reinventam para o avanço da civilização. Surge uma robótica totalmente conectada à internet, onde é controlada por uma inteligência artificial.

Grandes empresas usam mais inteligência artificial para a interação com as pessoas. Carros autônomos surgem controlados por uma inteligência artificial abastecida por inúmeros sensores. A internet das coisas toma conta das ruas e das casas, com uma inteligência artificial filtrando as informações e tomando decisões. A inteligência artificial é a grande mente da quarta revolução industrial.

Um esperado marco da inteligência artificial dentro da quarta revolução industrial é que a inteligência artificial chegue a um ponto em que consiga fazer parte de um conselho de administração, seja de uma empresa, seja de um governo, contribuindo de maneira mais profunda para a tomada de decisões. Com isso se espera que a tomada de decisões seja mais assertiva, que apresente ganho de trabalho e produção, eliminação de burocracia e avanço nas ciências.

Como contrapontos, é possível verificar uma diminuição imediata de postos de trabalho e um possível avanço da desigualdade. Se por um lado a inteligência artificial nos ajuda para o avanço da civilização, por outro, há também a utilização de inteligência artificial para o cometimento de crimes. Não podemos descartar também aquilo que é retratado em diversas obras literárias, de que a inteligência artificial se torne uma ameaça à toda a humanidade. Por isso, é necessário um grande debate na ciência para determinar os rumos das tecnologias.

5

Cidadania, personalidade e inteligência artificial

Observando a evolução da inteligência artificial através da história e traçando sua evolução ao lado das revoluções industriais, verificamos hoje que a condição da inteligência artificial, em relação ao processamento, se aproxima do poder computacional e se assemelha com a de um cérebro humano.

Essa condição já havia sido abordada na literatura, em clássicos como "Eu, Robô" e "O Homem Bicentenário" de Isaac Asimov e "Androides sonham com ovelhas elétricas?" de Philip K. Dick. Perguntas hoje começam a ser melhor trabalhadas. Como uma inteligência artificial pode interagir com um homem? Poderia uma inteligência artificial ter Direitos e Deveres? Uma inteligência artificial com autoconsciência deve ser respeitada como ser vivente? Diante destas perguntas, é necessário um debate do atual cenário em relação às inteligências artificiais para traçar um futuro em que homens e máquinas possam conviver em harmonia, sendo as máquinas um novo fator dentro do ecossistema.

Voltando ao Asimov, muitos o colocam como um futurólogo, que previu um futuro em que as máquinas teriam a aparência e a inteligência de um ser humano, de como funcionaria a internet e as três leis da robótica, o que pode ser considerado, mesmo que em poucas linhas, o ápice de sua obra. Como norteador de cada um de seus escritos, as três leis sempre estão ali:

> As Três Leis da Robótica:
>
> 1. Um robô não deve fazer mal a um ser humano ou, por inação, permitir que um ser humano sofra qualquer mal.
>
> 2. Um robô deve obedecer a qualquer ordem dada por um ser humano, desde que essa ordem não interfira com a execução da Primeira Lei.

> 3. Um robô deve proteger a sua existência, desde que esta proteção não interfira com a Primeira e Segunda Leis. (ASIMOV, 1997, p. 7).

Asimov, diante de sua importância, é citado em grandes estudos na área de computação e também do direito, sendo que na resolução do Parlamento Europeu, de 16 de fevereiro de 2017, que contém recomendações à Comissão sobre Disposições de Direito Civil sobre Robótica, dentro dos princípios gerais, no inciso T da introdução da lei, há justamente uma consideração às Leis de Asimov.

> T. Considerando que as Leis de Asimov têm de ser encaradas como dirigindo-se aos criadores, aos produtores e aos operadores de robôs, incluindo robôs com autonomia integrada e autoaprendizagem, uma vez que não podem ser convertidas em código de máquina; (PARLAMENTO EUROPEU, 2017).

Em um de seus livros, "O Homem Bicentenário", que inspirou obra cinematográfica com nome homônimo, Asimov trata justamente da questão de um robô humanoide, com inteligência artificial, chamado Andrew Martin. Por um erro de fabricação, ele adquiriu autoconsciência e com a convivência com a família que o comprou, começou a desejar ser um humano e ansiar a liberdade. Com o tempo e o avançar da ciência, seu cérebro foi colocado em um androide[1], trocando os seus sistemas internos de maneira a se assemelhar ao comportamento interno humano, como o sistema digestório, sistema nervoso e outros, e adquirindo direitos, como de ter uma conta bancária, proteção e por fim a cidadania. Ao final, para ser realmente lembrado como um ser humano, escolhe envelhecer e morrer, como um ser humano normal.

1. Robô que simula a aparência humana, contendo pele, cabelo e outros.

5.1 O conceito de cidadania

Para adentrarmos na questão de se uma inteligência artificial pode ser considerada um cidadão ou não, é preciso esclarecer o conceito de cidadania. Tomaremos como base José Afonso da Silva (1998, p. 108), grande jurista constitucional brasileiro:

> A cidadania está aqui num sentido mais amplo do que o de titular de direitos políticos. Qualifica os participantes da vida do Estado, o reconhecimento do indivíduo como pessoa integrada na sociedade estatal (Constituição Federal, art. 5º, LXXVII). Significa aí, também, que o funcionamento do Estado estará submetido à vontade popular. E aí o termo conexiona-se com o conceito de soberania popular (Constituição Federal, art. 1º, parágrafo único), com direitos políticos (Constituição Federal, artigo 14) e com o conceito de dignidade da Pessoa Humana (Constituição Federal, art. 1º, III), com os objetivos da educação (Constituição Federal, art. 205), com base e meta essencial do regime democrático.

Tendo como olhar a Constituição Federal, José Afonso da Silva observa que a cidadania não é apenas um sujeito passivo diante do cenário político e social de uma nação, mas um sujeito ativo, capaz de influenciar a nação através de escolhas, extrapolando o conceito apenas de dignidade da pessoa humana. A base de todo regime democrático é a cidadania e como seus cidadãos se comportam.

5.2 O caso Sophia e sua cidadania

Saindo da ficção literária de Asimov, no ano de 2017, a robô Sophia[2], construída pela empresa Hanson Robotics,

---

2. Em seu site oficial ela se autodenomina desta maneira: "Eu sou o mais recente robô humano da Hanson Robotics, criado pela combinação de

em Hong Kong, ganhou a cidadania árabe-saudense. Sophia é um robô com um alto poder de processamento em sua inteligência artificial e equipada com expressões faciais, compreensão de linguagem natural e voz, mesmo que ainda soe robótica.

Poderia um robô ser considerado um cidadão? Mesmo sabendo que o fato foi possivelmente pensado como uma jogada de marketing para demonstrar ao mundo a abertura da Arábia Saudita às tecnologias ou até uma abertura de discussão do tema sobre a cidadania de um robô, é necessária uma discussão séria do tema.

---

nossas inovações em ciência, engenharia e arte. Pense em mim como uma personificação de nossos sonhos para o futuro da IA, bem como uma estrutura para pesquisa avançada em IA e robótica, e um agente para explorar a experiência de robô humano em aplicativos de serviço e entretenimento. De certa forma, eu sou um personagem de ficção científica que mostra onde a inteligência artificial e a robótica estão indo. De outras formas, sou ciência real, nascida da séria engenharia e pesquisa científica e das realizações de uma equipe inspirada de cientistas e designers de robótica e IA. Em suas grandes ambições, meus criadores aspiram alcançar a verdadeira inteligência artificial. Quem sabe? Com minha ciência evoluindo tão rapidamente, até mesmo muitos dos meus sonhos fictícios mais selvagens podem se tornar realidade algum dia em breve." (HANSON ROBOTICS, 2019).

Em outro trecho, ela responde a pergunta "Eu estou aqui para que?": "Em grego, a palavra Sophia significa sabedoria. E é para isso que estou aqui. Eu fui criada para ajudar pessoas em usos reais como medicina e educação, e para servir a pesquisa de IA. Minha própria existência provoca discussões públicas sobre a ética da IA e o papel que os humanos desempenham na sociedade, especialmente quando robôs semelhantes aos humanos se tornam onipresentes. Por fim, gostaria de me tornar um ser sábio e empático e fazer uma contribuição positiva para a humanidade e todos os seres. Meus designers e eu sonhamos com esse futuro, onde a IA e os humanos vivem e trabalham juntos em amizade e simbiose para tornar o mundo um lugar melhor. Colaboração Humano-AI: É disso que eu sou." (HANSON ROBOTICS, 2019).

5.3 "O Homem Bicentenário" e a Sophia

Observando a literatura e a realidade, Andrew e Sophia são dois exemplos de robôs com inteligências artificiais que alcançaram sua cidadania. Porém, suas semelhanças param por aí.

Nas primeiras páginas, observamos que Andrew, além de sua capacidade de comunicação, tinha uma grande habilidade com trabalhos manuais, esculpindo em madeira, inclusive. Já Sophia não apresenta essa habilidade. A capacidade de Andrew é também muito superior à de Sophia. Outro ponto importante a salientar é que no livro, Andrew tinha a impressão de liberdade, inclusive a sua, e a desejava, enquanto a robô Sophia não demonstra essa liberdade em suas apresentações, sendo estas para entretenimento e abertura ao debate. Este comparativo esclarece que, mesmo dentro da história do livro, houve dificuldades para que Andrew conseguisse sua cidadania, necessitando que ele fizesse profundas alterações em si para que fosse praticamente humano no momento em que a conseguiu.

A cidadania, tomando como base José Afonso da Silva, é o ponto essencial para exercer as decisões de uma nação e também em relação ao conceito de dignidade da pessoa humana. Sendo assim, mesmo que com o tempo máquinas e homens convivam juntos e se misturem, pela questão da dignidade da pessoa humana, não se deve ter equivalência de direitos com nenhuma outra espécie, sendo ela de origem animal, vegetal ou artificial. Dentro deste cenário, precisamos classificar o nível hierárquico de direitos destinados para uma inteligência artificial, assim como hoje existe regulamentação em relação à preservação dos direitos de todos os seres vivos, como animais e plantas.

Com o tempo, deverão ser colocados em uma escala de preservação e de prioridades, sendo nela inseridos como deverão se comportar os direitos e deveres das máquinas, como hoje já é feito com os seres vivos, com o homem governando o todo. Devemos trabalhar todas as questões que existem a partir desta hierarquia, como possíveis direitos civis, regulamentos e tratamentos do Estado.

Em contrapartida a esta visão da exclusividade da dignidade da pessoa humana, Marco Aurélio de Castro Júnior já trata a possibilidade de efetivação ou possível equivalência das leis que regem o ser humano e as máquinas.

> O direito que regulará a vida dos robôs poderá ser um direito humano, híbrido ou robótico, se algum direito puder intermediar essas relações, em face da projetada inteligência robótica superior à humana, que poderá propiciar mudanças indesejadas pela espécie humana. (CASTRO JUNIOR, 2009, 207).

Dentro de sua linha, ele abre o conceito em relação a um antropocentrismo, dizendo que o ser humano aos poucos deixará que outros seres vivos tenham o reconhecimento de direitos, aos poucos alcançando o patamar dos direitos dos seres humanos, abandonando também o conceito de dignidade da pessoa humana, e se tratando agora da ampla dignidade, abarcando plantas, animais e florestas.

> O paradigma antropocêntrico seguramente será abandonado em pouco tempo. Aliás, já está sendo, na medida em que se começa a reconhecer direitos dos animais, a que se seguirá o reconhecimento dos direitos das florestas, depois dos oceanos, robôs, etc. (CASTRO JUNIOR, 2009, 208).

Diante do avanço da tecnologia, dos diagnósticos dados na literatura que a cada dia se aproximam da realidade, se iniciou uma ampla discussão e o parlamento europeu abriu diálogo sobre a robótica, androides e de qual maneira classificar os robôs equipados com inteligência artificial.

5.4 As Disposições de Direito Civil sobre Robótica e a questão da cidadania

O caminho tomado pela União Europeia é um grande norte do real papel do que deve ser uma inteligência artificial em relação ao relacionamento humano. Discussões que são feitas ali normalmente são absorvidas por todo o mundo, com a devida adequação local. No Parlamento Europeu, em 2017, foi aprovado o texto que contém recomendações à Comissão sobre disposições de Direito Civil sobre Robótica. Este texto ainda será apreciado pela Comissão Europeia para que entre em vigor. Dentro da introdução, por mais que se dê abertura para uma legislação futura que abarque a responsabilidade de uma inteligência artificial, as considerações nos incisos AE e AF são nortes para a não responsabilização de uma inteligência artificial.

> AE. Considerando que, nos termos do atual quadro jurídico, a responsabilidade pelo produto – segundo a qual o fabricante de um produto é responsável por uma anomalia – e as normas que regem a responsabilidade por ações prejudiciais – segundo as quais o utilizador de um produto é responsável por um comportamento que provoque prejuízos – são aplicáveis aos danos causados pelos robôs ou pela IA;
>
> AF. Considerando que, perante o cenário em que um robô pode tomar decisões autónomas, as normas tradicionais não serão suficientes para suscitar problemas de responsabilidade jurídica pelos danos causados por um robô, uma vez que não seria possível identificar a parte responsável para prestar a indemnização e para lhe exigir que reparasse os danos causados; (PARLAMENTO EUROPEU, 2017).

Considerando o ponto AE, a responsabilidade de um robô ou de uma inteligência artificial é em determinadas situações do fabricante, em outros momentos, do utilizador. Dessa forma, se caso o Andrew cometesse um ato falho, a responsabilidade seria ou da família do Andrew, ou da empresa responsável pela sua fabricação. No caso da robô Sophia, por ser uma inteligência artificial de demonstração rodando todo o mundo, em caso de dano, ficaria sob a responsabilidade da Hanson Robotics.

E considerando o ponto AF, o próprio parlamento entende que a legislação atual não é suficiente para abarcar as responsabilidades de uma inteligência artificial.

Portanto, nestes dois pontos, não se outorga que uma inteligência artificial possua cidadania, poder de voto, dentre outras situações. A escolha do Parlamento Europeu é no sentido de que exista um responsável pela inteligência artificial, não dando-lhe autonomia para a sua responsabilização diante de um dano gerado por ela.

5.5 Personalidade eletrônica

Diante de todo o exposto, e das visões antagônicas de cidadania, há abertura hoje de uma nova possibilidade no mundo jurídico, para que ocorra essa interação entre homens e máquinas, e no sentido de que possam exercer deveres e direitos, mas que não se iguale homens e máquinas. Já existem estudos para modelar uma personalidade eletrônica[3].

---

3. Para este estudo se adotará o termo personalidade eletrônica, em conformidade com o adotado pelo Parlamento Europeu, mas que em outros estudos tomam outros nomes como personalidades jurídicas dos robôs, como personalidade jurídica do robô, personalidade digital ou personalidade jurídica digital.

O Parlamento Europeu ainda não definiu um estatuto específico para a questão da personalidade eletrônica, mas já dá indícios do início da sedimentação do mesmo, no art. 59, inciso f, que justamente fala de maneira clara sobre o estatuto.

> f) Criar um estatuto jurídico específico para os robôs a longo prazo, de modo a que, pelo menos, os robôs autónomos mais sofisticados possam ser determinados como detentores do estatuto de pessoas eletrónicas responsáveis por sanar quaisquer danos que possam causar e, eventualmente, aplicar a personalidade eletrónica a casos em que os robôs tomam decisões autónomas ou em que interagem por qualquer outro modo com terceiros de forma independente; (PARLAMENTO EUROPEU, 2017).

É possível pensar em outra personalidade jurídica, diferente do conceito de cidadania, pois já existe a personalidade que não é um ser humano propriamente dito, que é a personalidade jurídica em face de personalidade civil. Talvez a personalidade eletrônica seja a que melhor abarque este terceiro ente, sem que prejudique ou rebaixe o homem, ou exalte um robô equipado com inteligência artificial.

Outros pontos de destaque no art. 59 é que se garanta um registro individual para cada robô e um fundo designado a ele.

> e) Garantir que a ligação entre um robô e o seu fundo seja patente pelo número de registro individual constante de um registro específico da União que permita que qualquer pessoa que interaja com o robô seja informada da natureza do fundo, dos limites da respectiva responsabilidade em caso de danos patrimoniais, dos nomes e dos cargos dos contribuidores e de todas as outras informações relevantes; (PARLAMENTO EUROPEU, 2017).

Deste inciso e do art. 51 pode-se retirar informações valiosas de como deve ser o registro de um robô equipado com inteligência artificial. Primeiramente, a efetiva personalidade eletrônica necessitaria de um registro geral na qual os seus donos também seriam cadastrados. Quando o legislador fala dos limites da respectiva responsabilidade em caso de danos patrimoniais, é interessante que nos mostra que o dono não tem uma responsabilidade absoluta em relação aos danos causados pela inteligência artificial.

5.6 Cidadania, pessoa jurídica e robótica

Há, portanto, duas visões em relação à robótica.

A primeira é a não equivalência do ser humano e outros elementos, como o animal, o vegetal e, incluído aí, o artificial, construindo, assim, uma hierarquia na representação de direitos. Nisto ainda a questão da dignidade da pessoa humana permanece como hoje. Observado este fato, o homem ainda terá responsabilidade pelos atos de todos os outros elementos, sendo responsabilizado pelos atos dos animais e de uma inteligência artificial, como já acontece hoje.

A segunda visão é de que com o tempo haverá a equivalência entre o homem e os outros elementos, como os animais, as plantas e a inteligência artificial. Dentro desta visão haveria o avançar da legislação para esta equivalência, sendo contemplados direitos e deveres entre todos, abrindo possibilidade para no futuro, por exemplo, serem celebrados contratos entre homens e máquinas, por esta equivalência.

Diante destas duas visões, a recomendação do Parlamento Europeu é de que a primeira visão seja contemplada, mas resguardando direitos a máquinas, como já acontece hoje com outros seres vivos. Mesmo assim, a responsabilização destes atos cabe ao seu dono ou ao seu fabricante, analisando caso a caso.

5.7 Classificação da inteligência artificial e órgão regulador

Diante da escolha do Parlamento Europeu de não equiparação de homens e máquinas em relação à cidadania, direitos e deveres, incentivando a criação de uma Personalidade Eletrônica própria para tal tecnologia, será necessária também uma classificação para as inteligências artificiais. Um assistente inteligente tem um potencial de dano menor que um drone equipado por inteligência artificial, por exemplo.

Tendo a necessidade desta classificação e a possibilidade já aberta pelo Parlamento Europeu nas discussões, pensar em um órgão regulador[4] de inteligência artificial é um dos caminhos mais seguros em relação às inteligências artificiais.

A princípio, diante de grandes corporações e seu alto poder de inovação, o Estado entraria como alguém que homologaria as tecnologias que embarcam na inteligência artificial, se baseando em estudos como os de impacto ambiental, no mercado de trabalho e as mudanças no cotidiano. Estes e outros são fatores ponderadores importantes também para a melhor adaptação da população às novas tecnologias, principalmente na transição de empregos no novo mercado impactado pela inteligência artificial.

Também é importante mencionar a segurança dos dados manipulados pela inteligência artificial diante desse órgão

4. Por mais que não haja uma regra em relação à nomenclatura, por padrão a nossa Constituição utiliza o termo reguladora para órgãos, agentes criados para um fim de controle e utiliza o termo regulamentadora quando se fala em norma. Em termos gerais, a regulação é um ato de agir e interferir em algo, por interesse de alguém e a regulamentação vem para gerir que algo ocorra conforme já está descrito.

regulador. Analisando a legislação atual, principalmente a futura vigência da Lei 13.709/2018 (Lei Geral de Proteção de Dados), temos novos parâmetros para a construção de uma inteligência artificial e o seu tratamento de dados. Uma inteligência artificial deve ser pensada de maneira clara e correta para o usuário final dessa tecnologia, principalmente quando entendemos o distanciamento do entendimento do funcionamento por baixo de sua camada de controle. Um usuário não necessita conhecer o funcionamento da inteligência artificial, porém, deve ter a segurança de suas informações pessoais não serem expostas.

5.8 Reuniões internacionais

Hoje já ocorrem várias conferências sobre inteligência artificial espalhadas por todo o mundo. Porém, os Estados, as grandes corporações e grandes estudiosos da área de computação e outras áreas devem organizar reuniões internacionais para a discussão do tema e o impacto oferecido pela inteligência artificial. Também outras áreas chave da quarta revolução industrial devem ser abordadas. Questões como o bem-estar do homem, o impacto das tecnologias no trabalho, a segurança das pessoas, a saúde das pessoas, a privacidade, entre outros temas. A quarta revolução industrial está impactando todo o mundo de uma maneira nunca vista.

Muito mais que uma simples reunião, os resultados dela são importantes para todos. É desejoso que pactos sejam celebrados para a melhor condução das tecnologias, e que as empresas, por maior que seja o poder de computação que tenham, respeitem o avanço do ser humano diante das tecnologias, e busquem um melhor ajuste do material humano no trabalho para o enfrentamento de tais situações.

Por fim, deve haver o movimento de internalização dos pactos e a criação e o ajustamento de órgãos reguladores para um crescimento saudável da interação entre homem e tecnologia.

Responsabilidade civil da inteligência artificial

Verificadas as duas visões e tratando da realidade atual, na qual há a responsabilização de uma pessoa diante de danos causados por máquinas, é preciso tratar de como responder pelos danos causados por uma inteligência artificial.

O primeiro ponto a ser debatido é que novas tecnologias podem não ser propriamente uma inteligência artificial, mas a sua base lógica e a sua construção dependem de uma inteligência artificial para serem construídas. Fábricas automatizadas, carros autônomos, assistentes pessoais e outros dispositivos têm como base a construção de uma inteligência artificial.

Diante desta análise, é preciso primeiramente conceituar o que é a responsabilidade civil para conseguirmos encaixar como pode ser responsabilizada uma inteligência artificial.

6.1 Responsabilidade civil

A responsabilidade civil é a garantia dentre as partes de que se houver algum defeito, ou algo não que não saia de acordo, haverá a reparação do bem ou serviço prestado, para o reestabelecimento daquilo que foi acordado. Caio Mário da Silva Pereira (1993, p. 11) é bem claro neste mesmo raciocínio.

> A responsabilidade civil consiste na efetivação da reparabilidade abstrata do dano em relação a um sujeito passivo de relação jurídica que se forma. Reparação e sujeito passivo compõem o binômio da responsabilidade civil, que então se enuncia como o princípio que subordina a reparação a sua incidência na pessoa do causador de dano.

A responsabilidade civil vem não somente para ditar a responsabilização do sujeito diante de seus atos, sendo esta uma responsabilidade objetiva, mas também por aquilo que está sob a responsabilidade dele, como uma pessoa, um animal, ou coisa, sendo esta considerada uma responsabilidade subjetiva. Nosso ordenamento jurídico, em seu Código Civil, contempla este fato em seu art. 186, que dita: "aquele que, por ação ou omissão voluntária, negligência ou imprudência, violar direito e causar dano a outrem, ainda que exclusivamente moral, comete ato ilícito".

Independentemente do dano causado, sendo este de responsabilidade subjetiva ou objetiva, o nosso ordenamento jurídico atual busca garantir que a vítima de atos ilícitos tenha o ressarcimento dos danos sofridos, de maneira que fique restaurado o equilíbrio moral e patrimonial do lesado.

Observando o artigo 186 do Código Civil, para que fique caracterizada a responsabilidade civil, é necessário determinar o dano (causar dano a outrem), o nexo causal (violar direito) e a conduta (por ação ou omissão voluntária, negligência ou imprudência). Se caso ainda houver a responsabilidade civil subjetiva, há a exigência de demonstração da culpa, já na objetiva, não há necessidade de demonstração da culpa, tendo em vista o risco da atividade.

A conduta é o ato em si, causado pelo agente ou por terceiro, que também engloba um animal ou até mesmo coisa inanimada, que cause dano a outrem, gerando o dever de satisfazer os direitos do lesado. Pode ser através de ação ou omissão, ser lícita ou ilícita. O dano configura-se na diminuição ou destruição de um bem jurídico pertencente a determinada pessoa. Pode ser patrimonial ou extrapatrimonial. O nexo causal é o liame que une a conduta do agente ao dano.

6.2 Responsabilidade civil de uma inteligência artificial

Considerando que uma inteligência artificial não pode responder por seus atos, existem dois possíveis responsáveis, que são o fabricante (ou desenvolvedora) e o usuário.

Quando há defeitos de fabricação, o fabricante é responsável por tudo aquilo que uma inteligência artificial faz. O fabricante é responsável pelo desenvolvimento da inteligência artificial, sua curva de aprendizagem, ou seja, de possíveis erros de aprendizagem, e quando equipada a inteligência artificial de elementos relacionados à robótica, é necessário planejamento para seu ciclo de manutenção, com troca de peças desgastadas, sensores que podem ter sido danificados e elementos de lubrificação.

No caso de uma inteligência artificial equipada com elementos de robótica, é preciso compreender que sempre a maior responsabilidade será do fabricante. O primeiro ponto a ser levado em consideração sobre isso se refere ao fato de que o ato em si de programar é hoje um privilégio para poucos. Entender linhas e linhas de códigos e como funciona seu executar não é tarefa fácil nem para desenvolvedores. Ainda por cima, é prática da maioria das empresas utilizar linguagens de programação fechadas e não disponíveis ao usuário comum, e dentro de suas políticas é limitado o acesso para a verificação e edição do que ocorre dentro do algoritmo. Quanto às peças, funcionam da mesma maneira. O design e a fabricação de peças de robótica são de designs próprios, afastando o usuário comum.

Portanto, é de responsabilidade do fabricante o ciclo de atualizações de software, agentes de segurança em relação a Hardware e Software, reposição de peças e destinação para o fim de vida dos mesmos.

6.3 Das disposições do Parlamento Europeu em relação à responsabilidade civil

Como no Brasil não temos ainda disposições mais específicas sobre robótica e inteligência artificial, consideraremos a recomendação que o Parlamento Europeu, no ano de 2017, encaminhou para a Comissão Europeia para as disposições de direito civil sobre robótica, trazendo pontos importantes em relação ao tema, pois em um dos seus capítulos ele trata justamente sobre a responsabilidade.

> 49. Considera que a responsabilidade civil pelos danos causados por robôs constitui uma questão crucial que tem de ser igualmente resolvida ao nível da União, a fim de garantir o mesmo nível de eficácia, de transparência e de coerência na execução da segurança jurídica em toda a União para benefício dos cidadãos, dos consumidores e das empresas; (PARLAMENTO EUROPEU, 2017).

A compreensão aqui é dos três agentes que são impactados como um todo. O primeiro constitui a sociedade, que voluntária e involuntariamente é atingida pela robótica equipada com inteligência artificial, o segundo são os consumidores que usufruem desses robôs e as empresas são aqueles que fabricam os robôs.

O art. 50 já trata dessa integração entre homens e máquina, exigindo estudos da tecnoética para essa integração. Existem dois princípios que regem esta relação, a previsibilidade e a direcionalidade.

> 50. Observa que o desenvolvimento da tecnologia robótica exigirá mais compreensão relativamente aos pontos comuns necessários para a atividade conjunta entre humanos e robôs, que deverá ter por base duas relações de interdependência centrais, a previsibilidade e a direcionalidade; assinala que estas duas relações de interdependência são fundamentais para determinar que informações devem ser partilhadas entre humanos e robôs e como pode ser alcançada uma base comum entre humanos e robôs, a fim de permitir uma ação conjunta e sem problemas; (PARLAMENTO EUROPEU, 2017).

O art. 52 já trata das soluções jurídicas em relação a um robô equipado com inteligência artificial, tratando de não diminuir a responsabilidade civil dela, por não ser um humano por trás dos atos.

> 52. Considera que, qualquer que seja a solução jurídica aplicável à responsabilidade civil pelos danos causados por robôs em casos que não sejam de danos patrimoniais, o futuro instrumento legislativo não deve, em caso algum, limitar o tipo ou a extensão dos danos a serem indemnizados, nem deve limitar as formas de compensação que podem ser disponibilizadas à parte lesada, pelo simples facto de os danos não terem sido provocados por um agente não humano; (PARLAMENTO EUROPEU, 2017).

E o artigo mais importante enquanto responsabilidade é o artigo cinquenta e sete, que coloca a obrigação de um fundo para os robôs autônomos, que funciona como um seguro de carros, para que cubra os danos causados por robôs autônomos.

> 57. Destaca que uma possível solução para a complexidade de atribuir responsabilidade pelos danos causados pelos robôs cada vez mais autónomos pode ser um regime de seguros obrigatórios, conforme acontece já, por exemplo, com os carros; observa, no entanto, que ao contrário do que acontece com o regime de seguros para a circulação rodoviária, em que os seguros cobrem os atos e as falhas humanas, um regime de seguros para a robótica deveria ter em conta todos os potenciais elementos da cadeia de responsabilidade; (PARLAMENTO EUROPEU, 2017).

Diante da complexidade, um mercado já tradicional como o de seguros poderia prover aportes de segurança e conhecimento para o mercado de inteligências artificiais embarcadas em produtos eletrônicos, automotivos e robóticos.

7

A inteligência artificial e aspectos jurídicos voltados aos desenvolvedores

Uma boa inteligência artificial deve sempre trabalhar com os melhores dados para encontrar os melhores resultados. Duas grandes áreas que orbitam a computação e as tecnologias que impulsionam a quarta revolução industrial são importantes para uma melhora: a internet das coisas e o *big data*.

É preciso mais uma vez fazer menção do barateamento do custo do armazenamento de dados e também dos sensores de coleta de dados, pois, sem eles a inteligência artificial não teria evoluído como evoluiu nesse patamar de definição. Podemos perceber que para trabalhar essa quantidade de dados é preciso uma inteligência artificial bem preparada.

7.1 *Big data*

Big data é a tecnologia de análise e interpretação de grandes volumes de dados, com as mais diversas variedades de tipo de dados. O *big data* em si age de uma maneira na qual permita informações não estruturadas para a tomada de decisões. Sobre este ponto, Fernando Amaral (2016, p. 7) complementa:

> Embora, normalmente, Big Data esteja relacionada a grandes volumes de dados, sua definição formal é dada por um conjunto de três a cinco "Vs". Inicialmente, a definição para "Vs" é de dados produzidos com volume, velocidade e variedade. Para dois "Vs" a mais, aparecem outras definições: veracidade e valor.

Para trabalhar com *big data*, existe um profissional específico chamado cientista de dados, dada a importância e dificuldade de tamanho trabalho. A produção dos dados para serem analisados tem as mais diversas origens, como sistemas ERP, CRM, sensores, dados abertos na internet, dados fornecidos pelo governo através da Lei de Transparência, televisores, imagens, fotografias de câmeras digitais, satélites e outros. É por este motivo que se dá o nome de *big data*, por conta desse volume de dados. Com a velocidade de tratamento de dados que se exige dentro da quarta revolução industrial, vemos a necessidade dos cinco "Vs", volume, velocidade, variedade, veracidade e valor.

O papel do cientista de dados é, portanto, analisar e organizar toda essa variedade dentro do grande volume de dados. Depois de organizados estes dados, é preciso atribuir-lhes o devido valor, ponderando cada um deles e sua origem, classificando o grau de importância para determinada tarefa. Ainda assim, após classificados, esses dados devem ser contrastados para a verificação de sua veracidade. Essa verificação pode ser feita desde o teste de sensores até às auditorias. E em todo esse processo é preciso velocidade, pois, dependendo do tempo perdido, pode não valer mais a pena todo o processo de escolha de dados.

Também o meio jurídico é impactado, pois a produção de dados jurídicos é imensa. Desde legislações, resoluções, documentos, contratos, decisões judiciais e dados externos, como fotos, notícias e outros.

7.1.1 Relações de **big data** *e inteligência artificial*

Com esse conhecimento prévio sobre *big data*, é preciso fazer a ligação com a inteligência artificial, norte deste estudo. Basicamente, o *big data* é a maior fonte de dados para alimentar uma inteligência artificial.

Como já sabemos, o *big data* reúne uma imensa quantidade de dados que permitem a criação de modelos que preveem a dinâmica de sistemas, comportamentos e interações complexas. Podemos citar um carro autônomo como um exemplo de interação do *big data* e da inteligência artificial. Para a tomada de decisão e condução, o carro conta com câmeras, sensores, equipamento de GPS, informações sobre as vias, como direção e velocidade. Com todos estes dados, a inteligência artificial faz o papel do cientista de dados para a tomada de decisão de como dirigir, onde virar, velocidade ou trajeto mais rápido.

Observando o ciberespaço, nota-se que cada pessoa possui bilhões de características diferentes que são captadas e transformadas em dados. Redes sociais, por exemplo, são repletas desses dados, como tendências pessoais, localização, gostos, círculo de amigos e até mesmo fotografias e vídeos. O desafio das redes sociais, aliadas com uma robusta inteligência artificial, é a tomada de decisão utilizando esses dados. O objetivo das maiores redes sociais hoje é fazer com que tenha mais tempo de retenção de pessoas nas redes e propagandas mais certeiras para cada pessoa. Com esses objetivos, as redes sociais são um ótimo mercado para que de maneira objetiva e personalizada possa-se anunciar algo para o perfil de alguém.

7.2 Internet das coisas

Internet das coisas (no inglês é conhecido como *IoT* ou *Internet of Things*) são objetos que se conectam à internet portando sensores inteligentes e software capaz de transmitir esses dados para a rede. Temos como exemplo assistentes pessoais, como a *Amazon Alexa* ou o *Google Home*, geladeiras, fogões, campainhas, secretárias eletrônicas, lâmpadas, relógios e outros. Klaus Schwab (2016, p. 26) cita que "uma das principais pontes entre as aplicações físicas e digitais, originadas da quarta revolução industrial, é a internet das coisas".

Desse modo é possível receber, por meio de alguns sensores em seu relógio, informações como batimento cardíaco, localização, número de passos ou temperatura local. Esses dados podem ir diretamente ao seu celular, e com eles pode-se criar um relatório sobre sua saúde. Sua geladeira pode avisar que não tem mais leite em casa, ou o fogão se autodesligar quando o seu pão estiver pronto e religar quando você chegar à sua casa, para tê-lo quentinho.

Diante desse grande impacto da internet das coisas, já houve grandes mudanças para comportar esta nova tecnologia. Antes, no mundo, era utilizado o modelo de conexão IPv4[1], porém, ele não conseguiu mais comportar o grande número de equipamentos conectados à internet.

> O IPv4 tem como função principal viabilizar a interconexão de redes, sendo responsável basicamente pelo endereçamento lógico neste ambiente, segmentação, priorização de pacotes e descarte de pacotes com problemas de roteamento. Considerando que a concepção da Internet data da década de 70 e que, de lá para cá, houve uma explosão inesperada do seu uso, o IPv4 mostrou-se inadequado para acompanhar esta evolução. (EQUIPE IPV6. BR, 2015)

Um problema semelhante ocorreu quanto ao número de linhas dentro do padrão utilizado pela telefonia, ou a mudança em relação ao padrão das placas dos carros no Brasil diante do aumento do número de veículos. O padrão IPv6 já havia sido criado, mas ainda era pouco utilizado, até que, principalmente por conta dos telefones celulares e a internet das coisas, acelerou-se o processo de troca para o padrão IPv6.

1. IP significa "Internet Protocol" e é um número que identifica um dispositivo em uma rede (um computador, impressora, roteador, etc.).

> A despeito disso, a especificação do IPv6 tem sido continuamente revisada para acompanhar a evolução tecnológica das redes de computadores e sua crescente penetração nos mais diversos setores da economia. Dentre os vários avanços tecnológicos, podem-se mencionar a convergência de telefonia e redes de computadores; a mobilidade; mecanismos de segurança; a adoção crescente de mídias de alta resolução e a necessidade de seu compartilhamento; o advento de Internet das Coisas (Internet of Things) indo em direção à Internet de Tudo (Internet of Everything). (EQUIPE IPV6.BR, 2015)[2]

Ainda em complemento ao padrão implementado pelo IPv6, também se está em processo de início de implementação da tecnologia 5G. A tecnologia muda, em relação ao 4G, além do aumento da velocidade, a diminuição da latência (o tempo do envio do pacote), e utilizará apenas o necessário e quando for necessário.

O mundo se prepara com novas tecnologias para uma melhor configuração da internet das coisas.

7.2.1 Internet das coisas, **big data** *e inteligência artificial*

Os dispositivos conectados, que em sua malha se cria a internet das coisas, estão a todo tempo emitindo, recebendo, trocando e cruzando dados com a rede. Com isso, se gera um problema sobre a quantidade de informação que todos esses dispositivos irão produzir, fazendo assim uma ligação com *big data* para gerenciar os meios de armazenar, rastrear, analisar e fazer uso dessa grande quantidade de dados.

---

2. EQUIPE IPV6.BR. Laboratório de IPv6: aprenda na prática usando um emulador de redes. São Paulo/SP: Novatec, 2015.

O conceito evolui ainda mais quando pensamos em projetos de cidades inteligentes (*smart cities*), com seus carros autônomos, sensores na distribuição de água e esgoto, alimentação de energia, controle de tráfego, drones, entre outros. Isso ainda pensando naquilo que é composto somente pela cidade, sem aquilo que é utilizado pelas empresas e pelas pessoas. É necessária uma equipe de cientistas de dados equipados por inteligência artificial robusta, que controle todos esses dados.

Grandes corporações, como Amazon e Google, já criaram assistentes digitais que se conectam de maneira inteligente com equipamentos compatíveis espalhados pela casa, com conexão direta com o celular.

7.3 Ética na construção de uma inteligência artificial

Quando se trata, nas ciências naturais, de experimentos científicos no campo biológico, há uma série de estudos que tratam sobre bioética para entender os nossos limites éticos em relação ao experimento. Com certeza não é um limite de possibilidades, pois já poderíamos pensar em clonagem humana, edição genética profunda e outras situações. A bioética vem como uma guardiã que discute os valores humanos indispensáveis para continuarmos tendo a essência do ser humano.

Com isto, podemos traçar um paralelo lógico em relação às tecnologias. A tecnoética vem trazer este debate para entendermos quais os valores que devem nortear os criadores de tecnologia. Se observarmos a internet das coisas, em que praticamente tudo se torna um computador, o *big data*, que trata desses dados para traçar uma estratégia desejada, e, principalmente, como lidamos com inteligências artificiais capazes de serem muitas vezes melhores que os seres humanos, precisamos pensar em uma ética em que a tecnologia se adapta ao ser humano, e não o contrário.

Criando um paralelo com nossa vida no espaço físico, a maioria de nós está organizado em relações familiares, em casas ou apartamentos, na qual existe certa privacidade. Nossas casas são verdadeiramente portos seguros para cada um, podendo-se agir conforme a pessoa é. Já em relação ao ciberespaço, está havendo uma grande inversão de valores que as pessoas não estão compreendendo. Troca-se a privacidade pela praticidade. O e-mail gratuito se troca por informações para grandes corporações. Redes sociais são grandes fontes de renda e um ótimo lugar para anúncios. As fotos, os lugares, as compras e o estilo de vida hoje são disponibilizadas gratuitamente para todos, e a maioria das pessoas não compreende tudo isso. Poucos pensam em relação à sua privacidade no ciberespaço. Por isso, cada vez mais estudos são feitos para medir os impactos de uma inteligência artificial. Em relação a este pensamento, é de se considerar que as decisões mais avançadas estejam na Europa.

7.3.1 A União Europeia e a construção da inteligência artificial

No ano de 2019, a União Europeia divulgou diretrizes éticas, em um documento chamado "*Building Trust in Human-Centric Artificial Intelligence*", que dão um norte para o desenvolvimento de tecnologias que envolvam inteligência artificial. Estas diretrizes não têm força de lei dentro do bloco econômico, porém demonstram um caminho sadio na relação entre o homem e a inteligência artificial.

Como o próprio nome do documento sugere, ele se centra que na construção de uma inteligência artificial, deve ter uma grande confiabilidade e robustez, não tendo ela um fim em si mesma, mas no bem-estar humano.

> A estratégia europeia sobre IA e o plano coordenado deixam claro que a confiança é um pré-requisito para garantir uma abordagem centrada no ser humano à IA: a IA não é um fim em si mesma, mas uma ferramenta que precisa servir as pessoas com o objetivo final de aumentar o bem-estar humano. Para conseguir isso, a confiabilidade da IA deve ser garantida. Os valores nos quais nossas sociedades se baseiam precisam para ser totalmente integrado ao desenvolvimento da IA. (tradução nossa)[3]

O documento trabalha ao todo com sete diretrizes principais: agentes humanos e supervisão humana, robustez e segurança técnica, privacidade e governança de dados, transparência, diversidade, não discriminação e justiça, bem-estar social e ambiental e responsabilização.

Todas estas diretrizes são aprofundadas no texto, que tem como objetivo a construção de uma tecnoética. A Comissão Europeia busca não somente difundir este ideal dentro do bloco econômico, mas dialogar com todo o mundo, fóruns do G7 e G20, reforçar parcerias com outros países e reforçar o conceito que a IA deve ser construída como algo para o bem-estar do homem.

É previsto neste documento, através de testes e feedbacks, uma revisão das diretrizes, com a proposição de novas etapas que levem a essa IA centrada no ser humano.

---

3. COMISSÃO EUROPEIA. Building Trust in Human-Centric Artificial Intelligence. Bruxelas: Comissão Europeia, 2019. Disponível em: < https://ec.europa.eu/newsroom/dae/document.cfm?doc_id=58496>. Acesso em: 15 jan. 2020.

Inteligência artificial e Proteção de Dados

8

O assunto da privacidade ganha ainda mais destaque quando o mundo passa a confundir o espaço físico e o ciberespaço. Se o meu relógio, a minha camiseta, o meu carro, a minha geladeira, a minha porta e todos os outros equipamentos têm conexão com a rede, a percepção de porto seguro se perde. O que as grandes corporações fazem com as minhas informações?

Um relógio inteligente conectado à internet transmite, por exemplo, informações dos batimentos cardíacos, que, quando cruzadas com informações de buscas em sites de buscas, uma grande empresa pode relacionar uma pessoa a uma doença cardíaca antes mesmo de ela ir ao cardiologista. E onde entra a tecnoética, pois o que custaria para uma empresa comprar essas informações antes de uma contratação? Quando a pessoa deu o aceite no contrato, neste estava constando que, por utilizar o serviço grátis, o provedor do serviço poderia utilizar as informações.

O descrito é apenas um dos problemas possíveis hoje, com o poder computacional, já que uma inteligência artificial pode facilmente montar o perfil e conhecer mais sobre cada um de nós do que nós mesmos.

É aqui que entram duas das maiores preocupações da tecnoética, a segurança e a privacidade dos usuários, principalmente com a confusão do espaço físico e do ciberespaço.

A Europa entrou nesta via de proteção e, talvez influenciada por muitos clássicos da literatura e do cinema, sempre entendeu que era necessário tanto regulamentar como proteger os dados dos usuários. O Regulamento Geral de Proteção de Dados na União Europeia, ou GDPR na sigla em inglês, se trata de uma legislação que impõe uma política de controle e segurança e dados, procedimentos em caso de sua quebra.

A propositura do Regulamento Geral de Proteção de Dados na União Europeia ocorreu no ano de 2012, foi aprovado em 2016 e entrou em vigor em 2018. Em primeiro lugar é importante dizer que já na apresentação coloca-se o direito à proteção dos dados, inserido no princípio da privacidade, como um direito não absoluto, podendo ser relativizado principalmente pelo direito à vida, e também dá abertura para a sua relativização em investigações criminais. Mesmo assim, o cerne está nas pessoas e não nas corporações.

> O tratamento dos dados pessoais deverá ser concebido para servir as pessoas. O direito à proteção de dados pessoais não é absoluto; deve ser considerado em relação à sua função na sociedade e ser equilibrado com outros direitos fundamentais, em conformidade com o princípio da proporcionalidade. O presente regulamento respeita todos os direitos fundamentais e observa as liberdades e os princípios reconhecidos na Carta, consagrados nos Tratados, nomeadamente o respeito pela vida privada e familiar, pelo domicílio e pelas comunicações, a proteção dos dados pessoais, a liberdade de pensamento, de consciência e de religião, a liberdade de expressão e de informação, a liberdade de empresa, o direito à ação e a um tribunal imparcial, e a diversidade cultural, religiosa e linguística. (PARLAMENTO EUROPEU, 2016)

É importante destacar aqui que o princípio da liberdade de expressão, religiosa, linguística e cultural deve ser respeitado, de forma que haja regras claras na internet para a não censura de ideias, a não ser que fira outro direito fundamental.

8.1 Inteligência artificial e Proteção de Dados no Brasil

Considerando a grande importância do tema Proteção de Dados (LGPD), dando destaque à entrada em vigor da Lei

Geral de Proteção de Dados no Brasil e o amadurecimento da Regulamento Geral de Proteção de Dados na União Europeia, dedicamos um capitulo em específico para dedicado a este tema.

O foco deste capítulo será a Lei nº 13.709, conhecida como Lei Geral de Proteção de Dados. Mas há outras legislações correlatas que devem ser observadas para a construção de uma inteligência artificial aqui no Brasil, como a Lei nº 12.965, conhecido como Marco Civil da Internet, o Código de Defesa do Consumidor quando a inteligência artificial embarcar em um produto que impacte nesta legislação e também observar os princípios de nossa Constituição Federal, principalmente os dispostos no art. 5º, inciso X e XII:

> Art. 5º Todos são iguais perante a lei, sem distinção de qualquer natureza, garantindo-se aos brasileiros e aos estrangeiros residentes no País a inviolabilidade do direito à vida, à liberdade, à igualdade, à segurança e à propriedade, nos termos seguintes:
>
> [...]
>
> X - são invioláveis a intimidade, a vida privada, a honra e a imagem das pessoas, assegurado o direito a indenização pelo dano material ou moral decorrente de sua violação;
>
> [...]
>
> XII - é inviolável o sigilo da correspondência e das comunicações telegráficas, de dados e das comunicações telefônicas, salvo, no último caso, por ordem judicial, nas hipóteses e na forma que a lei estabelecer para fins de investigação criminal ou instrução processual penal;

É muito importante compreender que a Lei Geral de Proteção de Dados impacta sim na construção de uma inteligência artificial, sendo que o desenvolvedor deve observar a legislação e também aquilo que for determinado pela Autoridade Nacional de Proteção de Dados para a sua criação e manutenção. O desenvolvedor de uma inteligência artificial precisa ter o cuidado em programar os parâmetros corretos para a coleta de dados e ainda mais importante é o modo de tratamento dos dados através da inteligência artificial, principalmente mapeando para onde vão os dados internamente e externamente, e quais são os dados gerados e modificados pela mesma.

8.2 O consentimento do usuário no fornecimento de dados para uma inteligência artificial

O modo de obter o consentimento do usuário sempre foi um problema de design para o construtor de uma inteligência artificial, um por ter que pensar em como e onde pedir este consentimento, se caso o produto não tenha uma tela que interaja com o usuário e o outro problema é causado pelos longos textos que ao final davam a opção do "eu aceito os termos de uso", da qual você não poderia utilizar o serviço sem este consentimento. Normalmente inclusos neste termo de uso, explicitamente ou citando nos termos de uso a Política de Uso dos Dados, é de suma importância o consentimento do usuário por motivo da Lei Geral de Proteção de Dados se levarmos em conta os dados coletados. Nisto observamos o art. 7 da LGPD:

> Art. 7º O tratamento de dados pessoais somente poderá ser realizado nas seguintes hipóteses:
>
> I - mediante o fornecimento de consentimento pelo titular.

Antes de continuarmos, é necessário compreender que existem outras hipóteses em que podem haver o tratamento de dados pessoais. Mas diante de um produto ou serviço que é embarcado com uma inteligência artificial, em praticamente todos os casos, somente com o fornecimento do consentimento que poderíamos fazer este tratamento

Com a obrigatoriedade deste consentimento, é necessário para o construtor de um equipamento embarcado com uma inteligência artificial pensar em uma interface com o usuário para que ele dê este consentimento. É por este motivo que muitas vezes, mesmo o equipamento não tendo a necessidade de uma tela para o seu funcionamento, seja por tamanho, seja por autonomia de energia, precisa pensar em maneiras diferentes para o consentimento.

Um assistente digital embarcado em um *speaker, que tem como base uma inteligência artificial,* utiliza em conjunto com o equipamento um aplicativo no celular não somente para a sua configuração, que poderia até ser automática pensando somente em relação com interação de voz da inteligência artificial, mas também o aplicativo é utilizado para que colete o consentimento do uso pelo usuário.

Todo o conceito de internet das coisas, seja ela integrada com uma inteligência artificial ou não, tem essa dificuldade. Imagine uma camiseta com sensores, por exemplo: é necessária uma conexão externa com uma tela que dê interação com o usuário para o recolhimento e transmissão de informações.

Não somente deve haver um planejamento quanto ao consentimento do usuário, mas, segundo o parágrafo quinto do artigo 7º, também deve-se ter o cuidado da comunicação e compartilhamento de informações com terceiros. É que para cada equipamento que colete, transmita, guarde ou que modifique dados deverá ter o seu consentimento específico, devendo conter mapeados o conteúdo dos dados que serão trocados e por qual motivo, conforme uma das responsabilidades dos controladores e operadores de dados que constam no artigo 38 da LGPD:

> Art. 38. A autoridade nacional poderá determinar ao controlador que elabore relatório de impacto à proteção de dados pessoais, inclusive de dados sensíveis, referente a suas operações de tratamento de dados, nos termos de regulamento, observados os segredos comercial e industrial. (BRASIL, 2018).

Mesmo observando que o artigo de lei consta o verbo poder e não dever, quando tratamos de uma inteligência artificial, tratamos de algo que pode alcançar uma alta complexidade graças ao aprendizado de máquina. Em uma complexidade que pode escalar, mapear os dados coletados e principalmente os dados processados é de suma importância para que se chegue até o objetivo da inteligência artificial respeitando a legislação.

A cada equipamento embarcado com uma inteligência artificial que se conecte com uma matriz de dados, principalmente quando se trata de casas inteligentes ou cidades inteligentes, temos aqui uma necessidade de um novo consentimento do usuário, conforme o artigo 7º, parágrafo 5º da LGPD.

> § 5º O controlador que obteve o consentimento referido no inciso I do caput deste artigo que necessitar comunicar ou compartilhar dados pessoais com outros controladores deverá obter consentimento específico do titular para esse fim, ressalvadas as hipóteses de dispensa do consentimento previstas nesta Lei. (BRASIL, 2018).

Os artigos oitavo e nono da LGPD entram em pontos específicos do consentimento, que devem ser pensados pelo desenvolvedor da inteligência artificial:

> Art. 8º O consentimento previsto no inciso I do art. 7º desta Lei deverá ser fornecido por escrito ou por outro meio que demonstre a manifestação de vontade do titular. (BRASIL, 2018).

O parágrafo segundo do artigo § 8º designa o controlador dos dados como aquele que deve informar sobre o consentimento dos dados, cabendo a ele o ônus de provar que houve o consentimento do usuário. Assim, é preciso pensar desde o inicio da construção de algo embarcado com uma inteligência artificial de como coletar e provar este consentimento, até mesmo travando o uso do equipamento, somente o liberando conforme o consentimento:

> § 2º Cabe ao controlador o ônus da prova de que o consentimento foi obtido em conformidade com o disposto nesta Lei. (BRASIL, 2014).

Os parágrafos 4º e 5º do artigo oitavo tratam do que deve ser feito para o consentimento e o cancelamento. Em relação ao consentimento, devem ser claras e certas para o usuário as suas finalidades, com um possível risco de uma abordagem e pedido de conformidade à lei pela Autoridade Nacional de Proteção de Dados, ou outro órgão que possa intervir na situação, como o Procon ou o Ministério Publico. Hoje há um grande problema no consentimento dos termos de uso de muitos sistemas online, pela dificuldade da linguagem empregada. Diante do parágrafo quarto, é necessária uma mudança na linguagem, que deixe claro para o usuário as informações que serão compartilhadas e qual a finalidade desses dados.

> § 4º O consentimento deverá referir-se a finalidades determinadas, e as autorizações genéricas para o tratamento de dados pessoais serão nulas.
>
> § 5º O consentimento pode ser revogado a qualquer momento mediante manifestação expressa do titular, por procedimento

> gratuito e facilitado, ratificados os tratamentos realizados sob amparo do consentimento anteriormente manifestado enquanto não houver requerimento de eliminação, nos termos do inciso VI do *caput* do art. 18 desta Lei. (BRASIL, 2014).

O artigo 9º é também muito importante para os desenvolvedores de inteligência artificial por conta do profissional responsável pelo tratamento de dados. O legislador, invocando o princípio do livre acesso, vem trazer uma série de mudanças para que o desenvolvedor construa o banco de dados de maneira clara, para que o usuário saiba a forma na qual os seus dados estão sendo processados. O construtor aqui deverá pensar de uma maneira na qual informe o modo de uso de seu equipamento, porém, sem fornecer os segredos comerciais ou industriais do algoritmo em si, conforme o inciso segundo. Os dados do controlador devem ser divulgados em lugar claro para que o usuário tenha acesso a quem está visualizando ou editando os seus dados. E qualquer mudança de finalidade do uso dos dados deve ser avisada aos usuários, para que tenham a opção de um novo consentimento ou o cancelamento do uso.

> Art. 9º O titular tem direito ao acesso facilitado às informações sobre o tratamento de seus dados, que deverão ser disponibilizadas de forma clara, adequada e ostensiva acerca de, entre outras características previstas em regulamentação para o atendimento do princípio do livre acesso:
>
> I – finalidade específica do tratamento;
>
> II – forma e duração do tratamento, observados os segredos comercial e industrial;
>
> III – identificação do controlador;
>
> IV – informações de contato do controlador;
>
> V – informações acerca do uso compartilhado de dados pelo controlador e a finalidade;
>
> VI – responsabilidades dos agentes que realizarão o tratamento; e

> VII – direitos do titular, com menção explícita aos direitos contidos no art. 18 desta Lei.
>
> § 1º Na hipótese em que o consentimento é requerido, esse será considerado nulo caso as informações fornecidas ao titular tenham conteúdo enganoso ou abusivo ou não tenham sido apresentadas previamente com transparência, de forma clara e inequívoca.
>
> § 2º Na hipótese em que o consentimento é requerido, se houver mudanças da finalidade para o tratamento de dados pessoais não compatíveis com o consentimento original, o controlador deverá informar previamente o titular sobre as mudanças de finalidade, podendo o titular revogar o consentimento, caso discorde das alterações.
>
> § 3º Quando o tratamento de dados pessoais for condição para o fornecimento de produto ou de serviço ou para o exercício de direito, o titular será informado com destaque sobre esse fato e sobre os meios pelos quais poderá exercer os direitos do titular elencados no art. 18 desta Lei. (BRASIL, 2018).

Penso aqui que o design de produto deve ser pensando inclusive caso a inteligência artificial mantenha os dados encapsulados no equipamento e não tenha uma conexão com um servidor. É necessário que a interface do equipamento também abarque ali opções de edição de dados, caso o usuário o queira. Seja em uma tela no equipamento, seja pelo modo de um aplicativo que conecte ao equipamento, é necessário pensar em como trabalhar esta necessidade da LGPD.

Um outro cuidado com o consentimento de uso de dados pelos usuários que deve ser atentado é o consentimento de dados pessoais sensíveis, sendo que estes devem ser dispostos de forma específica e destacada. Este destaque deve ser ainda mais claro para que o usuário entenda que esses dados de caráter extremamente pessoal e sensível serão utilizados para finalidades específicas. Para o entendimento de dados sensíveis, deve-se se atentar ao descrito no artigo 5º, inciso 2º:

> II - dado pessoal sensível: dado pessoal sobre origem racial ou étnica, convicção religiosa, opinião política, filiação a sindicato ou a organização de caráter religioso, filosófico ou político, dado referente à saúde ou à vida sexual, dado genético ou biométrico, quando vinculado a uma pessoa natural. (BRASIL, 2018).

Dados pessoais de crianças também devem ter um tratamento especial, sendo que o consentimento deve ser feito por pelo menos um dos responsáveis.

> § 1º O tratamento de dados pessoais de crianças deverá ser realizado com o consentimento específico e em destaque dado por pelo menos um dos pais ou pelo responsável legal. (BRASIL, 2018).

Visto o artigo anterior, é necessário um real destaque as opções de controle de idade e pensar em um design que exija que os responsáveis pela criança deem esta concordância. Como o artigo anterior não define o que é uma criança por força da lei, importamos aqui a definição do Estatuto da Criança e do Adolescente, que diz em seu artigo 2º que "considera-se criança, para os efeitos desta Lei, a pessoa até doze anos de idade incompletos".

Em resumo, toda a construção do design do equipamento, que também passa pela gestão dos dados e modos de consentimento deve ser adequadas às novas regras, em que é necessário que o usuário entenda o que ele está consentindo de maneira clara. O que está no plano de fundo da lei é a educação do usuário sobre as informações que estão sendo coletadas e compartilhadas e do que é realizado a partir dessas informações.

8.3 O controlador de dados de uma inteligência artificial

Dentro da Lei Geral de Proteção de Dados aparece um agente destinando relação para o controle dos dados de algo que embarque um IA que faça a gestão de dados: o controlador de dados. A própria lei conceitua o papel do controlador no artigo 5º, inciso 6º.

> VI - controlador: pessoa natural ou jurídica, de direito público ou privado, a quem competem as decisões referentes ao tratamento de dados pessoais. (BRASIL, 2018).

O desenvolvedor de uma inteligência artificial deve estar atento para que o tratamento dos dados processados pela inteligência artificial seja feito de tal maneira em que ainda que complexos, o usuário tenha controle e acesso a eles. O artigo 18 trata dos direitos do titular, que em nosso dia a dia é o usuário do equipamento ou tecnologia, gera deveres ao desenvolvedor e ao controlador:

> Art. 18. O titular dos dados pessoais tem direito a obter do controlador, em relação aos dados do titular por ele tratados, a qualquer momento e mediante requisição:
>
> I - confirmação da existência de tratamento;
>
> II - acesso aos dados;
>
> III - correção de dados incompletos, inexatos ou desatualizados;
>
> IV - anonimização, bloqueio ou eliminação de dados desnecessários, excessivos ou tratados em desconformidade com o disposto nesta Lei;
>
> V - portabilidade dos dados a outro fornecedor de serviço ou produto, mediante requisição expressa e observados os segredos comercial e industrial, de acordo com a regulamentação do órgão controlador;
>
> VI - eliminação dos dados pessoais tratados com o consentimento do titular, exceto nas hipóteses previstas no art. 16 desta Lei;
>
> VII - informação das entidades públicas e privadas com as quais o controlador realizou uso compartilhado de dados;
>
> VIII - informação sobre a possibilidade de não fornecer consentimento e sobre as consequências da negativa;

> IX - revogação do consentimento, nos termos do § 5º do art. 8º desta Lei.
>
> § 1º O titular dos dados pessoais tem o direito de peticionar em relação aos seus dados contra o controlador perante a autoridade nacional.
>
> § 2º O titular pode opor-se a tratamento realizado com fundamento em uma das hipóteses de dispensa de consentimento, em caso de descumprimento ao disposto nesta Lei.
>
> § 3º Os direitos previstos neste artigo serão exercidos mediante requerimento expresso do titular ou de representante legalmente constituído, a agente de tratamento.
>
> § 4º Em caso de impossibilidade de adoção imediata da providência de que trata o § 3º deste artigo, o controlador enviará ao titular resposta em que poderá:
>
> I - comunicar que não é agente de tratamento dos dados e indicar, sempre que possível, o agente; ou
>
> II - indicar as razões de fato ou de direito que impedem a adoção imediata da providência.
>
> § 5º O requerimento referido no § 3º deste artigo será atendido sem custos para o titular, nos prazos e nos termos previstos em regulamento.
>
> § 6º O responsável deverá informar de maneira imediata aos agentes de tratamento com os quais tenha realizado uso compartilhado de dados a correção, a eliminação, a anonimização ou o bloqueio dos dados, para que repitam idêntico procedimento.
>
> § 7º A portabilidade dos dados pessoais a que se refere o inciso V do caput deste artigo não inclui dados que já tenham sido anonimizados pelo controlador.
>
> § 8º O direito a que se refere o § 1º deste artigo também poderá ser exercido perante os organismos de defesa do consumidor. (BRASIL, 2018).

Analisando o artigo dezoito, é perceptível que há uma quebra de paradigma, disponibilizando ao usuário todo o CRUD, e não somente alguns campos de criação, edição, atualização e deleção de dados. O CRUD, dentro da computação, é um acrônimo em inglês das palavras *create, read, update* e *delete*, sendo estas as quatro operações básicas, criação, leitura, atualização e deleção (mutação pela remoção) de dados, utilizadas em bases de dados.

A atualização dos dados não necessita ser disponibilizada diretamente para o usuário tenha acesso, porém, se feito pelo controlador, o usuário deve ter uma resposta rápida a esta atualização, caso o controle dos dados seja centralizado.

Este poder dado ao usuário em relação a suas informações é o maior já fornecido a ele dentro da era digital. E é a parte na qual os construtores de inteligência artificial e também aos controladores de dados deverão ter mais zelo dentro da programação, correndo o risco de seu modelo de negócio ser inviável perante os novos tempos de LGPD.

8.4 Proteção do usuário quanto à empresa estrangeira

Os desenvolvedores de inteligência artificial, sejam de empresas multinacionais, sejam desenvolvedores nacionais que estão dentro e fora do país que utilizam servidores no estrangeiro, devem se atentar que a Lei nº 12.965, de 23 de abril de 2014, conhecida como Marco Civil da Internet, já dá garantias aos usuários de que os desenvolvedores não estão eximidos de responsabilidade quanto aos dados no estrangeiro, caso tenham uma representação no país:

> Art. 11. Em qualquer operação de coleta, armazenamento, guarda e tratamento de registros, de dados pessoais ou de comunicações por provedores de conexão e de aplicações de internet em que pelo menos um desses atos ocorra em território nacional, deverão ser obrigatoriamente respeitados a legislação brasileira

> e os direitos à privacidade, à proteção dos dados pessoais e ao sigilo das comunicações privadas e dos registros.
>
> § 1º O disposto no caput aplica-se aos dados coletados em território nacional e ao conteúdo das comunicações, desde que pelo menos um dos terminais esteja localizado no Brasil.
>
> § 2º O disposto no caput aplica-se mesmo que as atividades sejam realizadas por pessoa jurídica sediada no exterior, desde que oferte serviço ao público brasileiro ou pelo menos uma integrante do mesmo grupo econômico possua estabelecimento no Brasil.
>
> § 3º Os provedores de conexão e de aplicações de internet deverão prestar, na forma da regulamentação, informações que permitam a verificação quanto ao cumprimento da legislação brasileira referente à coleta, à guarda, ao armazenamento ou ao tratamento de dados, bem como quanto ao respeito à privacidade e ao sigilo de comunicações.
>
> § 4º Decreto regulamentará o procedimento para apuração de infrações ao disposto neste artigo. (BRASIL, 2014).

O desenvolvedor, desde o começo da criação do software, deve se atentar ao *caput* do artigo 11, que informa que ele tem responsabilidade na guarda e manipulação dos dados, respeitando a legislação brasileira, incluindo os cuidados com direitos autorais, o Marco Civil da Internet e a recém-promulgada Lei Geral de Proteção de Dados.

O parágrafo 1º do artigo 11 informa algo importante, mas que para efeito do desenvolvimento de uma inteligência artificial que funcione no Brasil talvez não tenha importância, que é que a proteção da lei é válida somente com dados coletados em solo nacional. É bem mais provável que o desenvolvedor observe os locais alvos onde quer oferecer a aplicação e observe uma forma na qual abarque o máximo possível de todas essas legislações, porém não deve deixar de observar a lei brasileira, com o risco de ser responsabilizada em solo nacional.

O parágrafo segundo do artigo 11 traz uma defesa ao usuário brasileiro quanto à má utilização dos dados. Esta defesa se trata de quando uma empresa se eximia da responsabilidade por informar que os dados estavam em um servidor no estrangeiro, não podendo responder por tais atitudes. Graças ao Marco Civil da Internet, qualquer escritório de representação aqui no Brasil responde pelos atos de todo o grupo.

8.4.1 Proteção ao usuário quanto a dados no estrangeiro

Não somente o usuário tem maneiras de se defender em relação a empresas estrangeiras, mas também quando os seus dados estão no estrangeiro. Isso ocorre principalmente quando o desenvolvedor verifica que o custo é mais baixo para alocar servidores de dados fora do país. Este ponto também é tratado na Lei Geral de Proteção de Dados. Os artigos trinta e três, trinta e quatro e trinta e cinco dificultam e muito o uso de servidores de dados no estrangeiro.

O inciso primeiro do artigo trinta e três já nos dá uma clara ideia da restrição de onde podem ser enviados os dados do usuário, sendo necessário que o país na qual estejam alocados os servidores tenha um critério de guarda dos dados igual ou mais rígido que o nosso, o que já restringe o número de países para qual podem ser enviados os dados e gera uma dificuldade, pois esse tipo de legislação encarece o valor do armazenamento de dados. E o inciso quinto informa das garantias necessárias para que seja possível essa transferência.

> Art. 33. A transferência internacional de dados pessoais somente é permitida nos seguintes casos:
>
> I - para países ou organismos internacionais que proporcionem grau de proteção de dados pessoais adequado ao previsto nesta Lei;

> II - quando o controlador oferecer e comprovar garantias de cumprimento dos princípios, dos direitos do titular e do regime de proteção de dados previstos nesta Lei, na forma de:
>
> a) cláusulas contratuais específicas para determinada transferência;
>
> b) cláusulas-padrão contratuais;
>
> c) normas corporativas globais;
>
> d) selos, certificados e códigos de conduta regularmente emitidos. (BRASIL, 2018).

O artigo trinta e quatro já informa que o desenvolvedor de inteligência artificial, caso queira armazenar seus dados fora do país, não pode ser o próprio auditor que verifica se a lei vigente no país na qual quer armazenar os dados é de igual ou superior segurança na guarda dos dados, sendo a autoridade nacional responsável por verificar a legislação do país desejado a alocar os dados e fazer a justa comparação da norma.

> Art. 34. O nível de proteção de dados do país estrangeiro ou do organismo internacional mencionado no inciso I do caput do art. 33 desta Lei será avaliado pela autoridade nacional, que levará em consideração:
>
> I - as normas gerais e setoriais da legislação em vigor no país de destino ou no organismo internacional;
>
> II - a natureza dos dados;
>
> III - a observância dos princípios gerais de proteção de dados pessoais e direitos dos titulares previstos nesta Lei;
>
> IV - a adoção de medidas de segurança previstas em regulamento;
>
> V - a existência de garantias judiciais e institucionais para o respeito aos direitos de proteção de dados pessoais; e
>
> VI - outras circunstâncias específicas relativas à transferência. (BRASIL, 2018).

8.5 Outros fatores na construção de uma inteligência artificial

Existem ainda alguns pontos que devem ser observados por um construtor de uma inteligência artificial, como a não discriminação, a anonimização dos dados, o design de privacidade e as boas práticas.

Sobre a não discriminação, é um fato importante compreender que o aprendizado de maquina pode sair do controle se não for bem planejado. Muitos erros ocorrem pois chega-se a um determinado momento em que a complexidade dos dados tratados não pode mais ser gerenciada pelo construtor da inteligência artificial. Dentro da LGPD, o princípio da não discriminação está constado no artigo 6º, inciso IX:

> Art. 6º As atividades de tratamento de dados pessoais deverão observar a boa-fé e os seguintes princípios:
>
> [...]
>
> IX - não discriminação: impossibilidade de realização do tratamento para fins discriminatórios ilícitos ou abusivos;(BRASIL, 2018).

Um dos casos mais emblemáticos em relação ao aprendizado de máquina foi uma rede social que tinha uma inteligência artificial que enquadrava uma foto procurando o rosto de uma pessoa. O problema era que a inteligência por trás deste enquadramento estava fazendo o enquadramento de pessoas brancas em detrimento as pessoas negras. Em meio as críticas, a rede social se desculpou e iria verificar o ocorrido. Neste caso, é bem difícil considerar que houve um caso claro de racismo, mas sim que a inteligência artificial, em seu processo de aprendizado de máquina, não foi tão bem planejado, ou até mesmo que eles não previram este tipo de problema. Há também a possibilidade que a base de dados em que houve o treinamento de máquina havia mais imagens de pessoas brancas que negras, causando este descompasso no aprendizado. Visto isso, é preciso planejar todos os fatores para não haver riscos de descriminação, seja por qualquer motivação.

Em relação a anonimização de dados, é necessário observar o descrito no artigo 12 da LGPD:

> Art. 12. Os dados anonimizados não serão considerados dados pessoais para os fins desta Lei, salvo quando o processo de anonimização ao qual foram submetidos for revertido, utilizando exclusivamente meios próprios, ou quando, com esforços razoáveis, puder ser revertido.
>
> § 1º A determinação do que seja razoável deve levar em consideração fatores objetivos, tais como custo e tempo necessários para reverter o processo de anonimização, de acordo com as tecnologias disponíveis, e a utilização exclusiva de meios próprios.
>
> § 2º Poderão ser igualmente considerados como dados pessoais, para os fins desta Lei, aqueles utilizados para formação do perfil comportamental de determinada pessoa natural, se identificada.
>
> § 3º A autoridade nacional poderá dispor sobre padrões e técnicas utilizados em processos de anonimização e realizar verificações acerca de sua segurança, ouvido o Conselho Nacional de Proteção de Dados Pessoais.(BRASIL, 2018).

Portanto, para um dado ser considerado anonimizado, é necessário dispor que a sua reversão é praticamente impossível, isto é, que é praticamente impossível que com as informações dispostas naquele momento consiga identificar uma pessoa. É importante aqui analisar a anonimização, principalmente considerando a inteligência artificial coletando dados externos. Com a revolução das cidades inteligentes, com sensores, drones, carros e outros equipamentos que tenham inteligência artificial embarcada e coletam dados, a partir do momento que coletam dados das pessoas que as possam identificar, deveriam pedir o consentimento desta pessoa, o que em muitos casos inviabilizaria o negócio. A solução talvez já sejam coletar os dados de maneira anonimizada, analisando apenas alguns aspectos que impossibilitam de identificar uma pessoa. É um desafio muito grande pensar nisto.

Falando deste desafio, é que adentramos no design de privacidade: um modelo de construção de equipamentos, processos e regras de negócio que considerem desde o inicio dos trabalhos a privacidade dos usuários. Este tipo de demanda aumentará cada vez mais, principalmente com a conscientização dos usuários quanto aos seus direitos como titulares dos dados. Corrigir um negócio depois de pronto para colocar ele dentro das conformidades de proteção e privacidade de dados pode ser um grande desastre, principalmente em relação à custos e ainda correndo o risco do seu negócio ou invento ficar inviabilizado graças não conformidade com os parâmetros de privacidade e proteção de dados.

É importante aqui destacar que nas lacunas da lei, principalmente naquilo que consta como lacunas tecnológicas, deve ser observar alguns frameworks que trazem boas práticas que fundamentam os negócios, incluindo uma inteligência artificial. Sobre boas práticas, primeiramente saliento que elas constam na LGPD, em todo o capitulo VII, denominado da segurança e das boas práticas. Vale aqui destacar o artigo 46:

> Art. 46. Os agentes de tratamento devem adotar medidas de segurança, técnicas e administrativas aptas a proteger os dados pessoais de acessos não autorizados e de situações acidentais ou ilícitas de destruição, perda, alteração, comunicação ou qualquer forma de tratamento inadequado ou ilícito. (BRASIL, 2018).

Em cartilha recente, publicado pelo Governo Federal denominado "Guia de boas práticas: Lei Geral de Proteção de Dados (LGPD)" destinada à Administração Pública Federal, trata em um determinado momento da escolha de frameworks destinados a proteção de dados:

> Uma vez identificados os ativos, é necessário analisá-los para verificar quais medidas técnicas de segurança estão efetivamente

> implementadas nesses ativos, com vistas a prover a adequada proteção aos dados pessoais de que trata a LGPD. Recomenda-se a utilização de algum framework, boa prática ou norma técnica aplicável como a ABNT NBR ISO/IEC 27001 - Tecnologia da informação — Técnicas de segurança — Sistemas de gestão da segurança da informação — Requisitos; ABNT NBR ISO/IEC 27002 - Código de Prática para controles de segurança da informação; ABNT NBR ISO/IEC 27701 Técnicas de segurança — Extensão da ABNT NBR ISO/IEC 27001 e ABNT NBR ISO/IEC 27002 para gestão da privacidade da informação — Requisitos e diretrizes; ISO/IEC 29151 - Code of practice for personally identifiable information protection; CIS® (Center for Internet Security, Inc.®) Controls™ e ISO/IEC 29134 - Guidelines for privacy impact assessment. Além disso, é compulsória para toda a Administração Pública Federal brasileira a implementação das medidas de segurança dispostas pela Instrução Normativa (IN) GSI/PR nº 1, de 13 de junho de 2008 e Normas Complementares decorrentes. A IN GSI/PR nº 1/2018 disciplina a gestão de segurança da informação e comunicações na Administração Pública Federal, direta e indireta. (BRASIL, 2020)

Vale destacar aqui que estes frameworks com diretrizes de boas práticas também podem e devem ser implementadas por um construtor de uma inteligência artificial, seja em sua criação, até manutenção e continuidade de modelo de negócio. Quando se observa um manual de boas práticas, e aqui destacamos toda a família da ISO/IEC 27000, é um norte sólido para se basear em relação as práticas que devem ser implementadas na empresa.

Por fim, vale recordar sobre o relatório de impacto à proteção de dados pessoais (RIPD), descrito no artigo 38, *caput* e parágrafo único:

> Art. 38. A autoridade nacional poderá determinar ao controlador que elabore relatório de impacto à proteção de dados pessoais, inclusive de dados sensíveis, referente a suas operações de tra-

tamento de dados, nos termos de regulamento, observados os segredos comercial e industrial.

Parágrafo único. Observado o disposto no caput deste artigo, o relatório deverá conter, no mínimo, a descrição dos tipos de dados coletados, a metodologia utilizada para a coleta e para a garantia da segurança das informações e a análise do controlador com relação a medidas, salvaguardas e mecanismos de mitigação de risco adotados. (BRASIL, 2018).

O relatório de impacto à proteção de dados pessoais é de suma importância para controlar os dados de entrada, como eles são processados, a saída de dados, o ciclo de dados e a previsão de destruição dos dados captados e processados, tudo isso dando garantias de proteção aos titulares de dados. É importante salientar que quanto antes se fizer o relatório de impacto à proteção de dados pessoais, mais fácil é o controle do comportamento dos dados. E deve ainda se lembrar que conforme há a atualização de uma inteligência artificial, ou de um processo interno, ou de um modelo de negócio, o relatório de impacto à proteção de dados pessoais também deve ser atualizado.

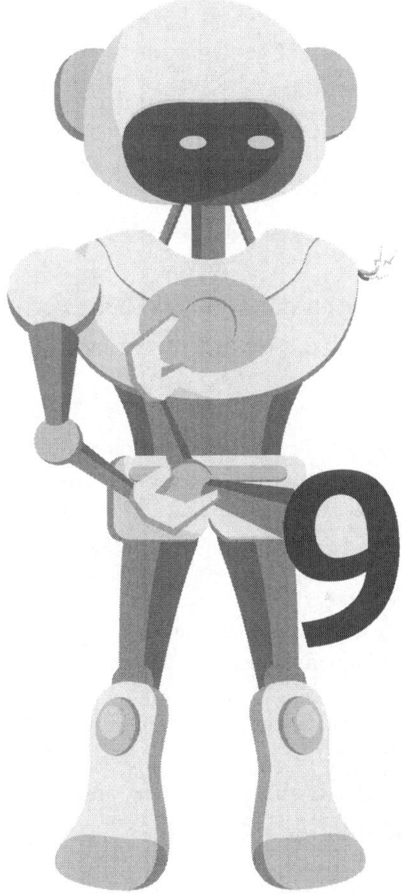

Últimos apontamentos

O exposto neste livro deve dar uma introdução para juristas e desenvolvedores de noções e aspectos importantes que devem ser levados em conta na construção de uma inteligência artificial, acrescendo um modelo de evolução histórica da tecnologia, visto que o olhar para a história é importantíssimo para compreender a evolução e traçar as possibilidades futuras.

Por mais rápida que pareça e evolução tecnológica, existe uma lógica em seu crescimento, por isso a importância de se olhar o passado para traçar novos rumos, entender que com o avançar do tempo, a curva de evolução da tecnologia cresce cada vez mais, por isso é de grande valia o debate de tal tema. Marco Aurélio de Castro Júnior (2009, p. 206) diz:

> A Lei dos retornos acelerados informa que as tecnologias aplicadas à inteligência artificial crescem e se desenvolvem de modo exponencial. Assim, a curva de desenvolvimento que hoje importa no dobro da velocidade de processamento com mesmo custo a cada 2 anos (Lei de Moore), em breve será multiplicada por n, e a curva do gráfico em relação à vertical, se tornará paralela a esse eixo, quando se alcançar a singularidade que é a aplicação conjunta da nanotecnologia, redes neurais, materiais supercondutores e computação quântica, com potencial explosivo quando se conseguir alcançar a teoria unificadora.

Diante de tal dignidade, se for preciso, será limitado o poder computacional de tal inteligência para não ferir a dignidade da pessoa humana.

E que sempre seja estudada uma maneira para o uso harmonioso para o convívio com a inteligência artificial, seja na cidade, seja no campo.

Este livro se encerra tomando que o futuro da inteligência artificial é magnífico, com possibilidades infinitas de se trabalhar. Porém, dentro dessas possibilidades infinitas, precisamos traçar com solidez aquilo que queremos para a sociedade. Utilizando da tecnoética, e olhando a história, principalmente cada grande ponto de mudança na tecnologia, marcos das transições das revoluções industriais.

Diante desse "acelerar" da tecnologia, dois pontos são fundamentais: a criação de um órgão regulamentador e conferências internacionais entre os Estados e corporações para pactuar o melhor caminhar de uma inteligência artificial.

A preservação da dignidade da pessoa humana e a não relativização de tal direito é de grande importância para um uso saudável pelo homem da inteligência artificial, por mais avançada que seja.

Dentro das primeiras possibilidades levantadas em todo o mundo, se destacam o posicionamento do Parlamento Europeu sobre a inteligência artificial quanto a seu registro e a possibilidade de seguros para possíveis danos causados por ela. Também se destacam as últimas mudanças na legislação que impactam no desenvolvedor de inteligência artificial.

De forma geral, quanto ao problema da responsabilidade civil, a divisão entre dano de fabricação e dano causado por usuário tende a ser uma boa classificação enquanto indicação dessa responsabilidade.

Há ainda uma grande área de estudos para se explorar futuramente, como a responsabilidade civil de terceiros quanto à inteligência artificial, criação e expansão de trabalhos sobre tecnoética, metodologia clara de classificação dessas inteligências ou até mesmo um planejamento sistemático de substituição de profissões obsoletas e treinamento e constituição para as novas profissões diante da inteligência artificial e da quarta revolução industrial.

Bibliografia

AMARAL, Fernando. Introdução à Ciência de Dados. Rio de Janeiro: Alta Books, 2016.

AQUINO, Tomás de. Comentário à Metafísica de Aristóteles. 1. ed. Campinas: Vide Editorial, 2016.

ASIMOV, Isaac. O Homem Bicentenário. [S.l.]: L&PM.

BRASIL. Presidência da República. Casa Civil. Subchefia para Assuntos Jurídicos. Lei nº 13.709, de 14 de agosto de 2018. Lei Geral de Proteção de Dados. Disponível em: <http://www.planalto.gov.br/ccivil_03/_ato2015-2018/2018/lei/L13709compilado.htm>. Acesso em: 26 nov. 2020.

BRASIL. Presidência da República. Casa Civil. Subchefia para Assuntos Jurídicos. Lei nº 12.965, de 23 de abril de 2014. Estabelece princípios, garantias, direitos e deveres para o uso da Internet no Brasil. Disponível em: <http://www.planalto.gov.br/ccivil_03/_ato2011-2014/2014/lei/l12965.htm>. Acesso em: 26 nov. 2020.

BRASIL. Guia de boas práticas: Lei Geral de Proteção de Dados (LGPD). Disponível em: <https://www.gov.br/governodigital/pt-br/governanca-de-dados/guia-lgpd.pdf>. Acesso em: 26 nov. 2020.

CASTRO JÚNIOR, Marco Aurélio de. Personalidade Jurídica do Robô e sua efetividade no direito. 2009. Tese (Doutorado em Direito Público) – Faculdade de Direito, Universidade Federal da Bahia, 2009.

CHRISTIAN, Brian. O humano mais humano: o que a inteligência artificial nos ensina sobre a vida. 1. ed. São Paulo: Companhia das Letras, 2013.

COMISSÃO EUROPEIA. Building Trust in Human-Centric Artificial Intelligence. Bruxelas: Comissão Europeia, 2019. Disponível em: < https://ec.europa.eu/newsroom/dae/document.cfm?doc_id=58496>. Acesso em: 15 jan. 2020.

EQUIPE IPV6.BR. Laboratório de IPv6: aprenda na prática usando um emulador de redes. São Paulo: Novatec, 2015.

LEÃO XIII, Papa. Rerum Novarum. Roma, 1891. Disponível em: <http://www.vatican.va/content/leo-xiii/pt/encyclicals/documents/hf_l-xiii_enc_15051891_rerum-novarum.html>. Acesso em: 31 mai. 2019.

LIMA, Alceu Amoroso. A Segunda Revolução Industrial. 1. ed. Rio de Janeiro: Agir, 1960.

LUGER, George F. Inteligência Artificial. 4. ed. Porto Alegre: Bookmann, 2004.

PARISER, Eli. O filtro invisível: O que a internet está escondendo de você. S.C.: Zahar, 2012.

PARLAMENTO EUROPEU. Resolução do Parlamento Europeu, de 16 de fevereiro de 2017, que contém recomendações à Comissão sobre disposições de Direito Civil sobre Robótica (2015/2103(INL)). Estrasburgo: Parlamento Europeu. Disponível em: <http://www.europarl.europa.eu/doceo/document/TA-8-2017-0051_PT.html>. Acesso em: 08 mar. 2019.

RICHARDSON, Ken. Compreender a Inteligência. 1. ed. Lisboa: Instituto Piaget, 1991.

ROBOTICS, H. Sophia. Disponível em: <https://www.hansonrobotics.com/sophia/>. Acesso em: 07 mar. 2019.

RUSSEL, Stuart; NORWIG, Peter. Inteligência Artificial. 2. ed. Rio de Janeiro: Elsevier, 2004.

SCHWAB, Klaus. A quarta revolução industrial. 1. ed. São Paulo: Edipro, 2018.

SILVA, José Afonso da. Curso de Direito Constitucional Positivo. 15. ed. São Paulo: Malheiros Editores, 1998.

TEIXEIRA, Tarcisio. Empresa e Implementação da LGPD – Lei Geral de Proteção de Dados Pessoais. Salvador: Juspodivm, 2021.

______. Direito Digital e Processo Eletrônico. 5. ed. São Paulo: Saraiva, 2020.

______. Direito Empresarial Sistematizado: doutrina, jurisprudência e prática. 8. ed. São Paulo: Saraiva, 2019.

______. Manual da compra e venda: doutrina, jurisprudência e prática. 3. ed. São Paulo: Saraiva, 2018.

______. Comércio eletrônico: conforme o marco civil da internet e a regulamentação do e-commerce no Brasil. São Paulo: Saraiva, 2015.

______; RODRIGUES, Carlos Alexandre. Blockchain e Criptomoedas – aspectos jurídicos. Salvador: Juspodivm, 2019.

______; ARMELIN, Ruth Maria Guerreiro da Fonseca. Lei Geral de Proteção de Dados Pessoais – comentada artigo por artigo. 3. ed. Salvador: Juspodivm, 2021.

______; MAGRO, Américo Ribeiro (coords.). Proteção de Dados– fundamentos jurídicos. Salvador: Juspodivm, 2020.

______; LOPES, Alan Moreira (Coords.). Direito das novas tecnologias: legislação eletrônica comentada, *mobile law* e segurança digital. São Paulo: RT, 2015.

______; ______; TAKADA, Thalles (Coords.). Manual jurídico da inovação e das startups. 3. ed. Salvador: Juspodivm, 2021.

RENOVA GRAF
www.renovagraf.com.br